5歳児

誇りを輝きに

和光鶴川幼稚園

子ども理解と大人の関わり

contents

5歳児　誇りを輝きに

＊本文中に5歳（児）とあるのは、5歳児クラスの子ども（五歳一カ月～六歳十一カ月）を指します。3歳（児）、4歳（児）も同様です。

シリーズ刊行にあたって

5歳児～あこがれから誇りへ

和光鶴川幼稚園園長　園田 洋一

和光鶴川幼稚園「子ども理解と大人の関わり」シリーズ第二弾「5歳児～誇りを輝きに」を刊行することになりました。小学校教師が長い私が、幼稚園に関わるようになって、初めての始業式。そこで見た星組（5歳児）の姿に驚きました。立ち姿からまずちがいました。星組になった喜びを全身で表しているようでした。その後全園で歌った時の歌声。その力強さに、星組としての自信と誇りを見たようでした。花組（3歳児）からずっと星組を見て育ち、それにあこがれ、いよいよ自分たちが星組になった。その瞬間の喜びでした。この子達をこのように育てたものは何か。今回は3歳児編とは作りを変えて、副園長の保志先生に、長く5歳児に関わって見えてきたことを整理して綴ってもらいました。今、幼稚園・保育園から小学校の接続部分のあり方が話題になっています。「小1プロブレム」などの問題から、小学校へのスムーズな移行のため、小学校の活動を幼児期に組み入れる動きもあるようです。多くの子どもが内部進学をする和光鶴川小学校の加川先生にも、その視点から文章を寄せてもらいました。また、山梨大学の加藤繁美先生には、私たちの実践の意義を丁寧にひもといていただき、これからの日本の5歳児保育の課題の中に意味づけていただきました。この本を通して、この時期の子どもたちへの理解と愛おしさが、より増していただければ幸いです。

園田《そのだ》　洋一《よういち》
和光鶴川幼稚園園長
和光鶴川小学校校長兼任
教師歴38年

＜和光鶴川幼稚園の概要＞

◆クラス

3歳児・花組	2学級	(計48名)
4歳児・月組	2学級	(計60名)
5歳児・星組	2学級	(計62名)

◆教職員

園長(和光鶴川小学校兼任)	1名
副園長	1名
教諭	8名
事務	1名
用務	3名

◆保育時間

午前8時40分～午後3時(火～金)

昼食はお弁当(水・金おにぎり弁当)

午前8時40分～11時30分(月)

＊土曜日は休日

◆預かり保育(やどかり)

午後3時～6時(火～金)

午前11時30分～午後6時(月)

〒195-0051 東京都町田市真光寺町 1271-1

電話 042-735-2291

http://www.wako.ed.jp/k2/

「和光鶴川幼稚園」で検索♪

和光鶴川幼稚園

こんな子どもに

＊自分っていいなと思える子どもに
＊自分の好きなことをとことんやれる子どもに
＊つまずきや失敗から学べる子どもに
＊人といっしょに何かをすることが楽しい、
　心地いいと感じられる子に
＊違う人と関わり合うことを楽しめる子どもに
＊主体的・能動的に生き、
　人とつながろうとする子どもに
＊夢をもって生きていく子どもに

こんな生活を大切に

＊自然の中へ出かけていく

幼稚園の周りの環境を活かし、
自然の中での体験にワクワク・ドキドキ

＊生きる・食べる・つくる

畑で作物を育て、みんなで調理、
「みんなで食べるとおいしいね」

＊子どもたちの興味・関心を広げる文化との出会い

ものづくり・描画・歌・リズム・おどり
体育・文学・ことば

＊自分の好きな遊びを見つけて夢中になってあそぶ

お弁当を食べた後の時間は、子どもの「自分の時間」

＊人を信じ、人とつながりあう（人と関わる）

●5歳児ってどんなとき？

5歳児の心と対話する

自分の気持ちや考えを自分の言葉で伝えられる

和光鶴川幼稚園副園長　保志　史子

保志《ほし》　史子《ふみこ》

和光鶴川幼稚園副園長
教師歴29年

5歳児の子どもたちの輝き

　5歳児の時期は子どもがとても輝くときだと毎年思います。もちろん3歳児、4歳児にはその時期にしかない輝きがあるのですが、5歳児は『子ども自身が自分の輝きをつくり出すとき』。その姿は本当にキラキラしているのです。大人はその子どものここぞという輝きを見つけることを応援したい、一人ひとりの今このときを受け止め、未来へ向かう子どもの一歩を励ますことのできる存在でいたいです。

今日から星組！

　3歳児、4歳児の頃から見てきた5歳児の姿はいつも『あこがれ』でした。

　自分がその5歳児になる四月、それまであどけなかった子どもたちが「今日から星組だね」と言われると、きりっと誇らしげに、ニコッとうれしそうに顔つきが変わります。あこがれていた星、今の自分がその星組……。入園式で新入園児を目の前にして、また自分たちも星組になったんだという気持ちが高まります。

　5歳児の一学期は、友だちとのぶつかり合いも多いときです。話し合いを通じて、4歳児の時期よりも子ども自身が自分の言葉で自

分の困ったことを伝える力が育つときでもあります。ですから、子どもたちに任せてしまい大人は何もしないで見ているというのではなく、「何か思いがあるのかな?」という表情を子どもがしていたら「どうしたの?」と大人から働きかけ、子どもの中にあるものを引き出したりもします。

子どもの思いはどんなことでもまずは受け止めて

5歳児の子どもの思い、今目の前にいる子どもの思いはどうなのだろう…自分(保育者としての自分)はこう思うが、この子自身の思いはどうなのか…といつもその子どもになってみたら…と想像力を働かせ、その子を知りたい、わかりたいと思います。5歳児は自分の言葉で、『自分の感じた思いや考えたこと』を表現できるようになってほしい時期です。じっくり子どもから出てくる言葉を待

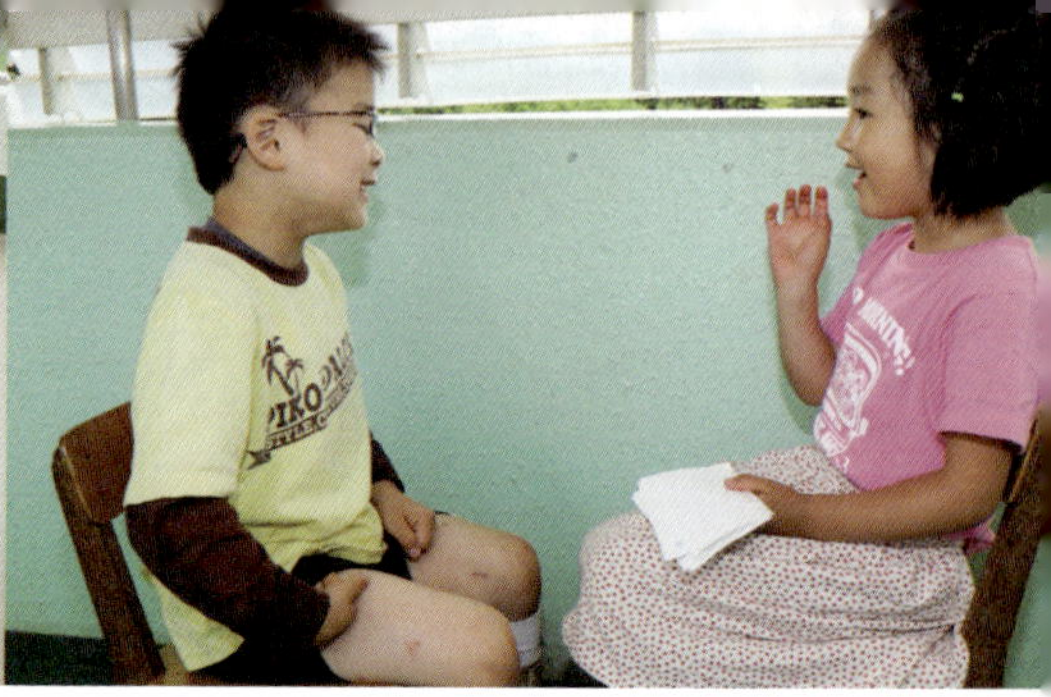

ち、こちらの思いも伝え、一緒に考えることが大切だと思っています。子どもからの言葉を待ってみると「○○君ってこんなことを考えていたんだ！」というような、思いがけない子どもの思いを知ることがあります。

いつでも、友だちや先生は話を聞くよ、一緒に考えるよ

○○ちゃんのことを知りたい、わかりたい、一緒に感じたいって思っているんだよ、というメッセージを子どもに送り続けたい。

困った時には困ったって言っていい、何歳になったって同じだよ。嫌なことは嫌だって言っていい。怒ってもいいし、泣いてもいいし……誰かにこっそり言うのでもいい、方法はいろいろあるから何かの方法で嫌なことは嫌だって外に出そう！

こんな思いが子どもたちに伝わると、5歳児の一学期には個々の子どもたちから、それまでは言葉にできず心に貯めていたようなことが、たくさん出てきます。あえて、保育者から子どもが言いたくなるような場もつくったりもします。『ぼくはおこっている』という絵本を読んで、自分はどうだろうかと話し合う場をもつこともあります。

子ども自身が自分の言葉にすること、自分の思いをためないで吐き出すことができるようになってくると、話し合いが当たり前の生活……出し合うことが快感!?になっていきます。5歳児の一学期は、言えて良かったと思える関係性づくりを大切にしています。

子ども同士、相手を気遣う関係も生まれる
～気持ちを飲み込んでしまう～

あきちゃんの訴え

あきちゃん、かやちゃん、まいちゃんは、

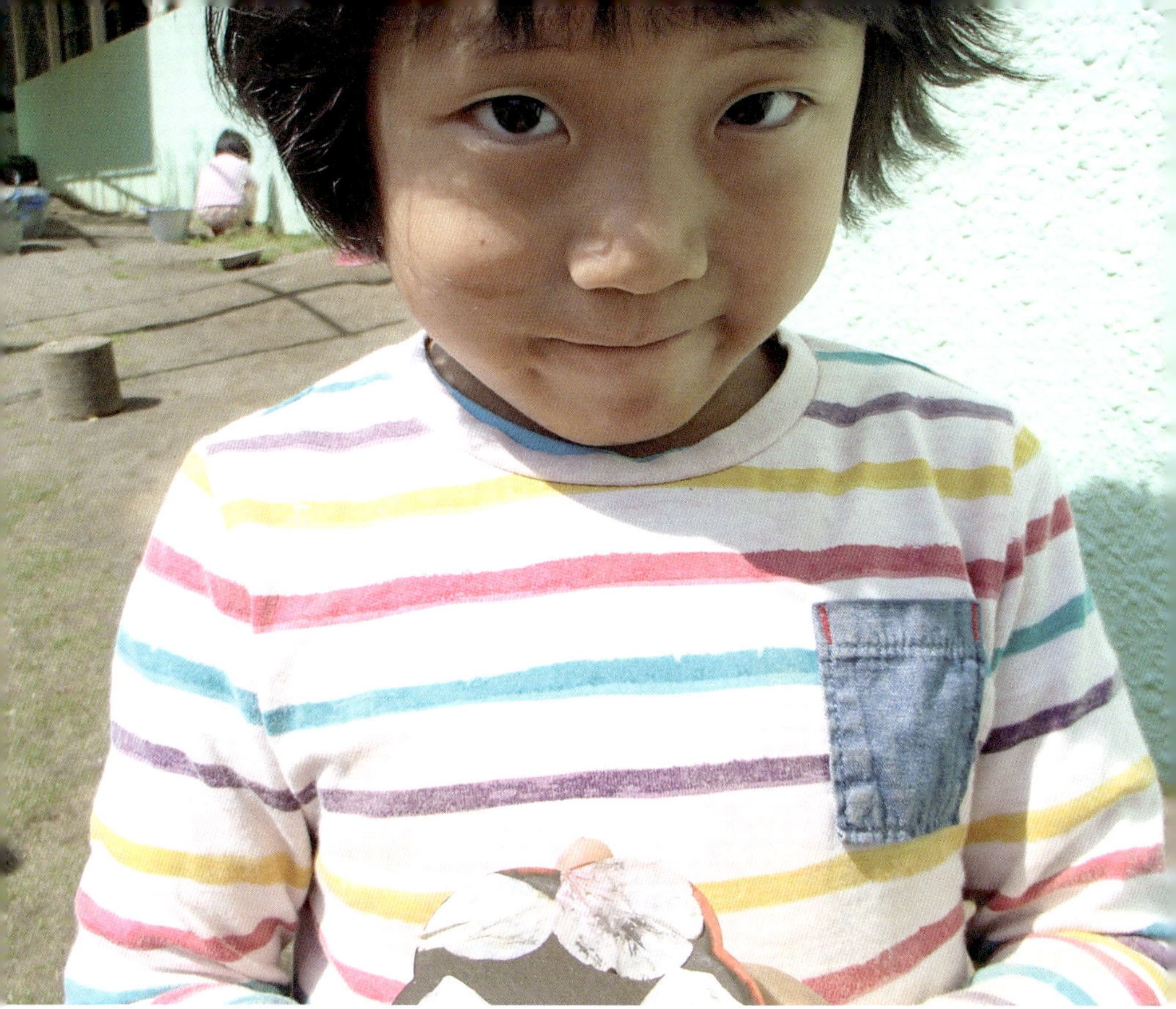

女の子三人の仲良し。この頃、いつも自分が仲間に入れてもらえなくなると感じてきていたあきちゃん。いつも仲の良かったかやちゃんとまいちゃんが二人でこそこそ話していると感じて辛くなっていました。でも幼稚園では言えず、夜お母さんに訴えたのでした。そのことをお母さんが相談しに来てくれました。お母さんには、「先生には言わないで」と言っていたそうです。あきちゃんは、このことは、みんなで話し合うようなことはしたくない、先生に言うとみんなとの話し合いになってしまいそう、それは嫌だな……と思っているのだろうと私は受け止めました。あきちゃんと二人になって「お母さんから教えてもらったよ…」と話し、「先生は、ちゃんとあきちゃんの気持ちを二人に話したほうがいいと思うんだ。あきちゃんが、そんなに悲しい気持ちでいるってこと、二人は知らないんじゃないかなって思うよ…」「あきちゃんが自分で話せる?」と聞くとうなずくあきちゃんでした。

それから、三人だけの場を設定して、「あきちゃんがかやちゃんとまいちゃんに話したいことがあるんだって」と伝えて、あとは三人に任せ、私は、他の子どもたちと遊びながら遠くから見守っていました。

しばらく話し合っていた三人ですが、晴れ晴れした顔で「話したよ」「ね！」と言ってきました。「大丈夫になったの？」と聞くと「うん」「ね！」ということだったので、それ以上私は聞きませんでした。

それ以降は、何か困ったときには、あきちゃんもすぐに私に何でも話してくるようになりました。

けんすけとこうきのサッカー

こうき君に『サッカーやろう』と言われると、毎日サッカーをやっていたけんすけ君。でも、半年くらいして急に「今日はサッカーやらない」と断ることが増えてきました。

担任「サッカー大好きなのにどうしたの？」

けんすけ「なんでもない」

その後も「鬼ごっこしたくなっただけ…」「今、独楽やってるから…」という日が続いたので、それとなくお母さんに聞いてみたりしたのですが、訳が分からず、でもけんすけ君の表情は何かを抱えている様子でした。なかなか友だちが周りにいるところでは、話してくれそうもないと感じた担任は、二人になって訳を聞いてみました。

そうしたら、「こうきが全部ルールを決めちゃうのが嫌だから…すごく嫌だった…」と話し始めたそうです。サッカーでミスをしたことに対して「おまえ、ふざけんなよ！」などとひどい言い方をして責めるのに耐えられなくなったのだということがわかりました。わざとやっているわけでもなく一生懸命やってもうまくいかないプレーに対して、こうき君だってそういうときもあるのに、なんで友だちのことを責めるのか？ それがすごく嫌で、

サッカーを一緒にやりたくなくなったというのでした。担任は「そのことを、こうき君に話そうよ！」と言ったのですが、けんすけ君はなかなか言いに行くことに同意しませんでした。

そのことを知らないこうき君は毎日誘いに来るのですが……。こうき君は隣のクラスでした。隣のクラスの担任とももちろん保育者同士は話し合っていて、この機会は大事にしようということで、保育者が前面には出ずに二人が話し合う機会をつくる方向で励ましながら見守っていくことにしました。「こうき君のためにもけんすけ君が自分の気持ちを話したほうがいいと思うよ。こうき君はそんなふうにけんすけ君が嫌な気持ちをしてるって気づいてないかもしれないよ。こうき君が考えることができるためにも、伝えることが大事だと思うよ」などと説得して、一週間くらいかかって、ようやく決心して、こうき君と話すことになりました。

話してみると「なんだそうだったのか」と急にこうき君が心を改めて、一緒に楽しくサッカーをできるようになったり、二人の関係はすごくいい関係になったのです。こうき君にとっては、けんすけ君は一目置く存在、一緒にサッカーをやりたい友だち、その友だちから言われたことは響いたのだと思います。これが、秋の出来事。

このこうき君は卒業して1年生になる前の春休みにお母さんに「いばりんぼうは幼稚園に捨ててきた！」と言ったそうです。このけんすけ君とのことの他にもいろいろあって、自分を変えなくちゃ、変わらなくちゃと、何度も何度もいろいろなことがあって、変わってきたのです。

こういう自分になりたいと気づくのも大事だけれど、こういう自分は嫌だということに気づくことも大事なことだなぁと思います。

5歳児になると悩みが大人に近い感じがします。大人の人間関係と近くなってきます。「あの言い方は、私は嫌だな…」。だけど、それを相手に言ったらどうだろう…どうなってしまうだろう…などと考えたりもするようになる子どもがいます。私は、子どもたちに思いきり今の自分をぶつけ合って、いろいろな友だちがいる、いろいろな自分がいるということに気づいてほしいと思っています。そして、『みんなと仲良くできる』という一面的な人との関わりの形ではなく、自分とは考えの違う人とも言いたいことは言い合う、聞き合う、そして違いはあっても、認め合えるところを見つけたり、共につくっていくことに希望を持っていけるような体験をしてほしいと思っています。自分とは違う人との関わりを面白がりながら人とつながり、未来に希望を持って、自分とみんなの幸せを求めて生きていく人になってほしいと思うのです。

5歳児の子どもたちは、相手の思いや考えがわかると「なんだそうだったのか」とあっさりわかり合えたりします。知ってわかれば、もっと深くつながれる、たくさんの人にふれたり、自分に気づくことで、深い人間理解につなげていける、そんなときだと思います。

子どもと子どもの間に入って子どもたちをつないでいくのが保育者の役割だと思っています。保育者が子どもたちとのかかわりに求めるもの、子どもたちにどんな大人になって生きていってほしいと願うのか…と子どもたちのことを思いながら、一方で、大人の姿もどうなのだろうかと、大人も子どもを育てながらまた自分たちのことを振り返り、大人も自分を育てていくことが大切だなぁと思います。保育者同士も子どもたちに願うような人との関わり、生き方を実践していきたいです。

子どもの納得できることを大事に

大人ならこう思うという解決が、子どもも納得いく解決になるとはかぎらないと感じた出来事がありました。子どもたちの納得できることが大事、子どもたちとの合意が大事なのだと心に刻んだ出来事でした。

虫かごの中の虫を僕も見たい！

帰りの会のとき、なかなか戻ってこない子どもがいました。「どうしたんだろうね」と言いながら待っていると、「もうー！」とプンプン怒りながら入ってきました。

「どうしたの？　みんな待ってたんだけど…」

「だってさ、俺も虫を見たかったのに！」

「他のみんなも見たかったんだよ！」

「なかなか見せてくれなくて…（プンプン）」

「そうか～それでもめていて『集まり』に来れなかったんだね」

「なかなか見せてくれなくてさ！」

子ども同士あぁしてほしかった、こうしてほしかった…と口々に言い始めました。

「うーん、いろいろ言いたいことがあるのは、わかるんだけど、もう帰りの会で、帰る時間なんだよね…（スクールバスで帰る子どももいて、時間が迫っていました）。先生は見たい人がたくさんいたら順番順番に見ることにすればよかったと思うな。そういうことでいいかな？」

と話をまとめようとすると、

「えー違うよ！　先生、そうじゃない！」

「えー違うの？」

…結論的にはこれなのでは？…

「どうすればよかったの？」

「あのね、虫かごはね四つ見るところがあるでしょ（四角いケースなので）。そうしたらこっちからとこっちからとこっちからとこっちから見れるでしょ。四人で見れるんだよ。

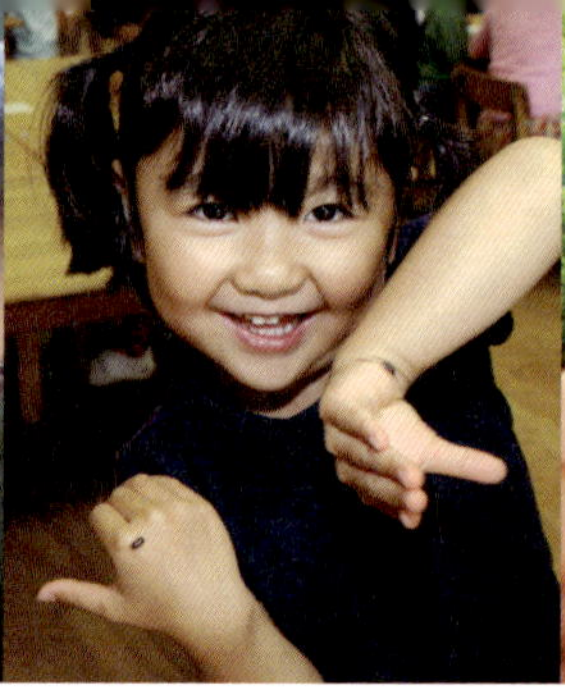

順番じゃなくても…」

言い合っていた子どもたちがニコニコ頷いていました。

「はぁー、そうか、そういうこともあるね～」

「あーごめんなさい。先生バスの時間もあるからって先生の考えだけで話を終わらせようとしちゃった。なるほど、なるほど、そうだよね。そうしたら待っていないで、四人で見れるね」

単純に「順番でね」と話を終わらせようとしてしまった私でしたが、子どもたちとの話し合いの結論はそれだけではないのだな、と学んだ出来事でした。子どもとの話し合いは、だから保育者にとっても面白い、興味深いのです。

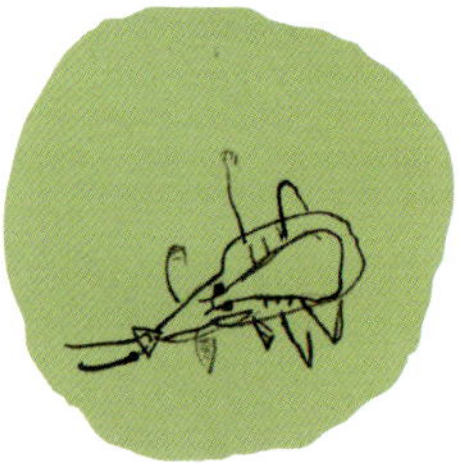

子どもの友だちへの要求は厳しいときもある

誕生会カードの相談

誕生日の子どものお祝いにみんなからの言葉をカードにしておくことにしています。誕生日の子どもに言いたいことを出し合います。こんな遊びが好きだよとか、こんなところがすごいなどがほとんどですが、その子の直してほしいところも話題になったりします。

保育者　「だいき君に何かある？」
やすのり「人のことバカにしないでほしい」
保育者　「どういうところでバカにされてるって思ったの？」
やすのり「だいき君がいつもいつも命令をする」

サッカーをやっているとき、だいき君が一人で何でも決めてしまうことが続いていたようなのです。それをバカにしないでという言

葉にしていたのでした。

やすのり君にとっては、こういうことをだいき君に言えるチャンスだったし、だいき君にとっては、ハッとする出来事となりました。

大人と同じような感じ方、考え方もする

5歳児は、子どもなのだけれど、思考の仕方はもう大人と同じように感じたり考えたりする力がついていると感じさせられます。

電車ごっこの相談

「でんしゃごっこ」をする前に駅の名前をグループごとに考えていたときのことです。自分の思いが通らないと怒ってしまうか、黙ってしまう子どもが二人いるグループがあり、そのグループはすごくもめるだろうと予想してたので、そのグループに「どう？　決まりそう？」と聞いてみました。

「うん」「僕たちは、みきちゃんとしん君が『これでいい』という名前でいいんだ」

「えーいいの？　自分がつけたい名前はないの？」

「いいんだぁ、だって二人は言い出したら聞かないからね…」

「うん、うん」と他の子どもたちも言っています。

その（頑固な）二人もうれしそうにしていました。

それまで、いろいろな場面で思いをぶつけあってきた子どもたち、こんなふうに思えたりもするんだなぁ…と驚きでした。

けんじ頑張ってる

お弁当を食べ終わって、担任がベランダにいると、まこと君が描いた絵を見せに来てくれていました。三枚の絵が合体するという、星2組の子どもたちにとっては憧れのカッコイイ絵でした。「まこと君、いつもカッコイイ絵を描くよね」と話していたら、そんなやりとりをなんとなく眺めていたけんじ君に向かって、突然…。

まこと「けんじに、これあげる」
けんじ「えっ！　いいの？　どうして？」（とても驚いた様子のけんじ君）
まこと「……」（モジモジしているまこと君）
担任「あっわかった。けんじが劇一人で頑張ってたから？」
まこと「そっ」（ちょっと照れたまこと君）
けんじ「えぇー、そんなこと言われたら照れちゃうよ」（赤くなって、うれしそうに満面の笑みを浮かべるけんじ君）
まこと「うふふ」（照れてベランダに寝ころびながら笑うまこと君）
とっても微笑ましい光景でした。

絵をもらって、頑張りを認めてもらって、うれしそうに笑っているけんじ君と、けんじ君に心から喜んでもらって、笑っているまこと君を見て幸せな気持ちになりました。こんなにやさしい気持ちをもっているんだなぁと感動しました。

けんじ君が、劇づくりの中で、一人で演じる役をやってみたい！　と自分で選び、一生懸命自分と向き合いながら頑張っていたときのことでした。みんながいつもけんじ君が演じる様子を見守ってくれていました。まこと君はけんじ君にこんなふうにその気持ちを伝えたのです。

「笑うな！ 笑っちゃダメなんだよ、こういうときはそっとしておくの！」

たかし君が泣いていたときに、笑っているみんなにみきと君が言った言葉です。いつもは、ぶつかることの多い二人でしたが、だからこそたかし君の気持ちがみきと君にはわかったのかもしれません。

○○とじゃないとだめなんだよなぁ

劇づくりで、ゆみちゃんと一緒の場面を演じていたまさと君。ゆみちゃんが熱を出して休んだので「明日は、ゆみちゃん来れるかな」とみんなで心配していると「ゆみがいいなぁ、ゆみじゃなきゃダメなんだよなぁ」とまさと君がつぶやいていました。

これまで、どちらかというと無口で、友だちに思いを寄せるような言葉を言わなかったまさと君でしたので、この一言には驚きました。同じ場面づくりをして、ドキドキする気持ちも共有しながらきた仲間への信頼と、仲間を頼りにしている気持ちを感じる言葉でした。

●5歳児ってどんなとき？

5歳児の飛躍

一人ひとりの輝く瞬間が来る！

5歳児の一年間の中で、一人ひとりが一度は自分と向き合って乗り越えるような出来事、瞬間がある……その瞬間は偶然に訪れるのです。でも、その偶然は必然（保育者とのかかわりの中のどこかでそのチャンスがつくられている…）。その瞬間を体験すると子どもは、まさに一皮むけたように晴れ晴れとした表情となります。内なる自信を感じた子どもは、その後の表情・言動が変わってきます。

5歳児の子どものそんな瞬間をキャッチしたい！　それは、子どもの内面と対話する生活の中でこそできること…。子どもたちの思いを心に留めながら（子どものつぶやきや子どもとのやり取りそのままを、保育者同士で話したり、書き留めて）日々を大切に、という素朴なことを根気よく積み重ねていくことが欠かせません。

縄跳びに取り組むなおと君

決して体を動かすことが得意とはいえなかったなおと君。担任はなおと君にも縄跳びを跳べるようになって楽しんでほしいと思っていました。でも、担任が一緒にやろうよと誘っても、うん、今ちょっと違うことしているから…と断られていました。でも、友だちのまきちゃんが誘うと「うん」と言って一緒にやっていました。担任はそこに一緒に入って、見守っていました。でも、どうしても1、2のリズムがつかめず、すぐに縄が引っかかってしまうなおと君は浮かない表情に…。

それでも毎朝まきちゃんとやっていました。まきちゃんだけでなくいつも何人かの友だち

が一緒に縄跳びを持って外に出て、いろいろな跳び方で遊びつつ、時々なおと君も走り縄跳びにも挑戦していました。
　何日も過ぎて、…うーん、なおと君頑張っているけれど1、2のリズムでできるようになるのはもう少し時間がかかるかな…と大人は思い始めたのですが、ますます一生懸命に取り組むなおと君。なおと君のその姿につられて、私も担任と一緒に子どもたちの中に入って遊びながら、なおと君のそばで必死に考えました。何をすればなおと君が「1、2のリズムをつかめるだろう…」。言葉で説明しながらやって見せたりしすぎても、なおと君を追いつめてしまうような気がしていました。
　そのとき、思いついたのが、歌に合わせて走り縄跳びをしてみることでした。まずは私が、「歌に合わせて走り縄跳びしてみようか…」「たんたんたんたんたんじょうかい♪」とやってみせました。「ふーん、なるほ

ど」という表情をして見ていたなおと君、思い切ってやってみると……なんと歌に合わせたら1、2のリズムで初めて続けることができたのです。「やった〜！　その感じその感じ！」なおと君もずっとそばにいてくれたまきちゃんもパッと表情が変わりました。「よかったね〜」。

　その後、その日のうちに自分から何度も何度も取り組み、見違えるようなさっそうとした走り縄跳びができるようになってしまったのです。『あきらめない』ことをなおと君から学びました。子どもの内なる力は計り知れないと改めて実感しました。

　なおと君は、教室に戻ってからみんなに跳べるようになった走り縄跳びを披露し、「頑張ってうんどうかいでもできそう」と鼻の穴を膨らませながら、自信に満ちた表情でみんなに話したそうです。

あさこちゃんの変身

　他の園から編入してきたおままごとの大好きなあさこちゃん。おままごとが大好きなのは、とてもいいのですが、そこだけに収まってしまっていることが気になっていました。もっと別の世界も知ることで、あさこちゃんも一皮むけるのでは？　そう思いながら…それならば、あさこちゃんの今は興味を持っていない遊びの分野に誘ってみるのはどうだろうかと担任が思っていたとき、友だちのじん君があさこちゃんに独楽をすごく一生懸命教えていました。

　これはどうなるのだろうと思いながら、そのそばにいて一緒に独楽回しをしていると、じん君はあさこちゃんの手とり足とり、ひもを巻いてあげて渡してくれて、投げ方を教えてくれて、また巻いてくれて……というのを繰り返していたのです。そのうちにあさこ

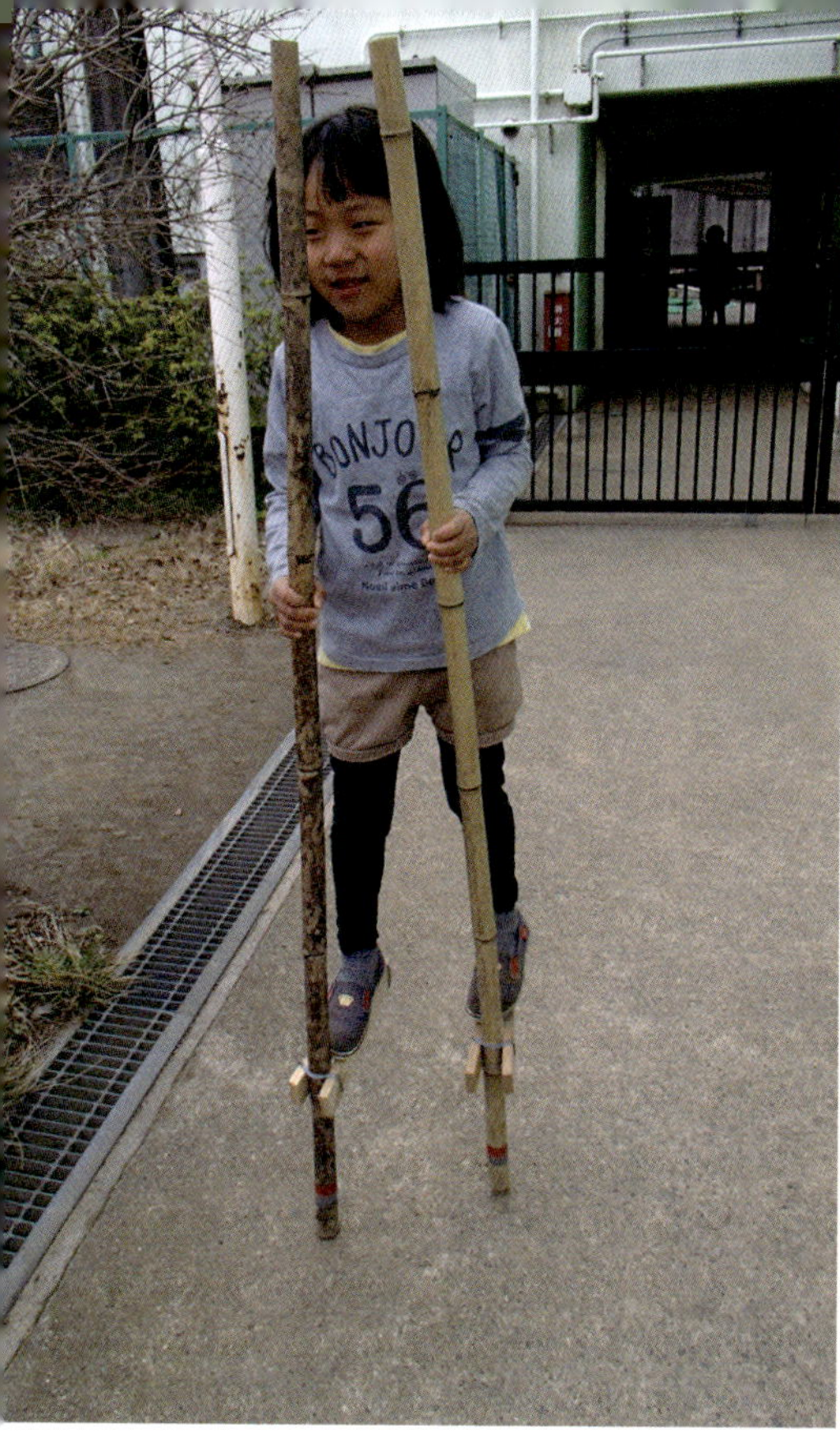

ちゃんも自分でやりたくなって、やっていく中で自分でできるようになったのです。あさこちゃんとじん君の本当に嬉しそうな笑顔。そのことは、あさこちゃんの他の遊びの世界も広げていく力になっていったのです。

それまでは、鬼ごっこにも入っていかず、身体を動かしてはじけて遊ぶタイプではなかったあさこちゃんが、この独楽という世界を通じて違う世界が開け、自分で自分をふるいたたせて何でもやるぞ！というふうに変わっていったのです。その彼女は全く別人のように〝おてんば〟になって、ものもはっきり言うようになって…その変化には驚いてしまいました。

ほんの些細なことであるようでも、じん君にとってもあさこちゃんにとってもこの独楽での変化は大きなことだったと思います。５歳児には本当にそういう場面がたくさんあります。それをキャッチするのが保育者の大事な仕事なのです。

いつも子どものそばにいて、その子の隠れた良いところを必死で探して見つけ出し、その子に伝える、共感する。そして、そんなその子の姿を友だちや親たちに伝えることを丹念にやっていくことが私たち保育者の仕事で最も大事なことだと思います。

あつし君の泣く演技

劇づくりの中で、村の子どもが遊ぶ場面を子どもたちと一緒につくりました。絵本の中にはない場面なので、子どもたちと村の子どもがどんなことをして遊んでいることにしようかと相談しながら、場面づくりをしてきました。相撲をして遊ぶ場面にしようということになり、いろいろやってみる中で、一人の子がいじめられて泣いてしまうことにしようということになりました。

初めは、その泣く場面も面白がってみんなでやっていて、笑いすぎてしまうくらいだったのです。が、舞台の上でやり始めるようになってから、その泣く役を「僕がやる」と張り切っていたあつし君が、泣く演技をできなくなってしまったのです。「どうしたの?」とあつし君にそうっと聞いてみたのですが、黙っています。あんなに張り切っていたのに。あつし君が泣く演技をしてくれないと次に展開していけないのでみんな困ってしまいました。

舞台の上での緊張と、観ている人がいる前で泣く演技をする、泣く姿を見せる(普段はにこにこ元気なあつし君でした)ということへの抵抗を感じてしまったようなのです。歯を食いしばっているあつし君。その日は、そこでおしまいにして、改めて別の時間に、その場面に出る子どもたちだけと集まって、やってみることにしました。泣く演技がどうしてもできないということなら、他のことに変更してもいいかとも思いながら……。「泣くの難しいかなぁ、どうする?」「どうしても難しかったら、違うことにもできるよ」とあつし君に私が話すと、みんなも心配そうに見つめていました。

じっと考えていたあつし君ですが、「やる」と一言。みんなも決心したような表情になり、一生懸命その場を盛り上げながらやってみま

した。他にも恥ずかしくて笑ってはいけないところで笑ってしまっていた子どももいましたし、照れて黙ってしまいがちな子どももみんな真剣になりました。そんな力があつし君にも伝わったのだと思います。今度は泣く演技も振り切ってやることができました。「やったねー！」晴れ晴れとしたあつし君の顔がありました。本番はお母さんたちの前でも思い切って泣く演技をしたあつし君。５歳児の子どものプライド、そして友だちと共に乗り越える力を感じた場面でした。

子どもが「やる」と自分で決めること、人に言われたからではない。こうなりたい！と思えるその気持がその子自身を動かす力になる……。

その後、小学校に行ったあつし君が長いセリフを言う役を立派にやっている姿に出会いました。この泣く演技に苦労したあつし君と目の前のあつし君が重なり、涙があふれてきてしまいました。

大切な葛藤経験でした

劇の会お疲れ様でした。本番では、グッと落ち着いた雰囲気の"ないたあかおに"を星2組の子どもたちが、どんなふうに演じるのか始まるまでわくわく、ドキドキでした。最後まで見て、地味で内容の深い作品を子どもたち一人ひとりがそれぞれの役を充分に果たしていたなぁと終わってもじんわり余韻が残っています。多くの人が観ている前で役になりきって演じることは、照れ屋や気恥ずかしさを自分で超えないとできないことですものね。

前日、帰りの車中"困ったらやっちゃう!"。人・人・人と掌に書いてなめていました。当日も大きな声で、エンエン泣いて村の子どもを演じていた息子。終わってからも"じょうずだったね"と言っても何も語ってはいませんでしたが、スッキリとした表情をしていて、充実していたようです。

幼稚園ならではの純粋な劇への取り組みは、きっとこの時期だからこそできるのだろうなぁと思いました。本番までの息子の心の葛藤、ふっ切れるまでの気持ちの変化を経験できたことはとても大きなことではないかと思います。姉たちの時には感じなかったハラハラ、ドキドキを、口数の少ない息子には特に感じました。私も忙しさにかまけて(忙しかったのが、ヨカッタ?)彼に問うこともせず、遠くからながめるだけだったのですが、それがよかったのかなぁ! 彼が自由に自分の好きなように演じて見せてくれたのが私はとてもうれしかった。

ありがとうございました!

子どもの持つ力はすごい!

子どもが持つ力というのは本当にすごいなと改めて実感しました。決められたセリフやしぐさはなくみんなで一緒につくっていくからこそはっきできる力なのかもしれないですね。最初、題材となる絵本を読んだ時、内容が子どもたちにはちょっと難しいのでは…と思いましたが、どの場面でも子どもたちのさまざまな表情、しぐさ、言葉から登場人物の心情をきちんと理解していることがよくわかりました。(そこまで進めて下さった先生方のご苦労も…)

日頃、何事にも「まだ無理なのでは…」と思いがちなのですが、こちらが思っているよりずっと子どもたちは成長しているものなのですね。

花組、月組に見せた土曜日の帰りのこと、「今日、Nちゃん途中でかつらとれちゃったんだ〜」と聞いていると…Nちゃんはすぐかつらをかぶりなおして、劇を中断させることなく、二人共笑うのをこらえ続けた…という事でした。「ふたりとも、笑うのを我慢しながら(劇を)やったんだよ!(笑うのは)心の中でしたんだ!」「心の中で…」なんて正直驚きました。かつらが取れても、泣いたり、うろたえたりしないで、すぐかぶりなおした、Nちゃん、そして二人共笑うのをこらえて劇を中断させないように頑張って本当にすごいなと感心しました。息子の口からこんな言葉が出てくるとは!!実際に観た劇からも、そして息子からのこんな一言からも、なんだかすごく成長が感じられた劇の会でした。

連絡帳より①

保護者と一緒に

心に残る劇

すばらしい劇をありがとうございました。娘が時々気まぐれに練習の様子を話していたので、「劇の会」がとても楽しみでした。また、「ないたあかおに」のお話自体も興味深く、青鬼さんの心遣いに純粋に感動し、目に涙が浮かぶ思いでした。私も年なのでしょうか…? 一つひとつの場面がとても丁寧で、じっくり見させてもらいました。子どもたちの個性が見られ、生きいきとした表現に本当に心に残る劇となりました。運動会といい今回の劇といい、毎日の積み重ねの大切さを感じます。ただたんに小さい子どものすることだから可愛いとか上手というのではなく、本当の子どもの心身の成長がみられることに感激しています。

いい夢みちゃった！

劇の会、まず長いので驚きました。せいぜい20分位と思っていたのですが…。1組も2組も最後までダラけずやり通してすごいですね。やりたくない人も恥ずかしい人もいたでしょうが、自分の役をきちんとこなしていました。一生懸命な顔、恥ずかしそうな顔、少し困った顔、一人ひとり目に焼き付いています。見ている私も力が入っていました。短時間でよくあそこまで形になるなぁと感心しています。子どもたちも先生方もお疲れ様でした。

娘はとても楽しかったらしく、翌々日の朝「今日とってもいい夢見ちゃった!」と言うので、何か聞いてみたら「また劇やった夢だった」と喜んでいました。また新しい娘を発見しました。

娘からずっと「今日は○○ちゃんがこんなセリフを言えた」とか「もう少し声が大きいといいと思うんだけど」とか「○○ちゃんのセリフの言い方がすごくよかった」などいろいろ話を聞かせてもらっていたので、私も観ながら「あっ、これだな」とか「残念、今日は言わなかったんだ」とあれこれ思いを巡らせながら、見させていただきました。T君が初めて赤鬼に挑戦したとき、後に通信で「緊張感から」と知りましたが、その日も娘は帰るなり「T君が、最後の赤鬼をやって、赤鬼の気持ちになって、悲しくて泣いちゃったの、すごいでしょ、ママ」と話してくれており、一人最後の場に立つT君が本当に健気に見えました。

先生の学級通信みたいに全員分の感想を書きたいくらい、一人ひとりにいろいろなものが見え、感じられた劇でした。そして、我がことながら、私、本当に我が子だけじゃなく、我が子と一緒に育ってきた“この子たち”を結構本気で愛しちゃってるかも…なんて思ったりして?!

本当にご苦労様でした。大人たちの中では、カウントダウン（卒園までの）が始まっているのに、そんなこととは無関係に「劇が終わったら、竹馬100歩!」と言う娘をいいなぁと見ています。

この子たちを本気で愛しちゃってるかも

劇の会お疲れ様でした。劇づくりの導入部分を参観で見せていただいていたので、あれから、数週間の先生たち、子どもたちの長い長い道のりを思い、胸が熱くなりました。（中略）『ないたあかおに』は、鬼という架空の存在を主人公にすえながら、最も人間的な葛藤を描いており、民話の形をとりながら、深く掘り下げて掘り下げていかなければ創れない劇なのだと感じています。先生のお話で「子どもたちがお話のテーマというべきものを理解し劇づくりをしていくかというと必ずしもそうではなく、まったくちがうものになることもある」とおっしゃっていましたが、当日の劇をみせていただいた限り、子どもたちがけなげな位に、真剣で、役としても、演じるものとしても、すごく葛藤して創ってきたのではないかと思わされ、合わせて、娘の毎日の会話、学級通信での一人ひとりの様子、この2年、3年、を娘のことと共に見守り続けた子どもたちの思い出が重なって、本当にいとしい、いとしい劇でした。

配役も迷って、手探りしながら決めただけあって、みんな愛着を持って大切に演じていたのではないですか。演技がうまいかどうか、声が大きいか、小さいかとか、テンポがいいかとか、そんなことは本当にどうでもよくて、一人ひとりがどう見えるか、見えるものが日常の彼らとどう重なり、また、違っているか、違って見えてきたものは何なのか、意外性など、そんな視点で見ると、本当に宝の山でした。

劇の流れの中では、ストーリーの起承転結の伏線となるエピソードの部分がとても印象に残っています。鬼を恐れる村人、子どもたちの様子と、人間とのつながりを切望する優しく孤独な赤鬼の様子のコントラストをK君演じる赤鬼がよく表していたし、青鬼の襲来を受ける前の囲炉裏端ののどかなひと時を、うけを狙ったとしか思えない、エンドレスのおせんべやけたかなのおかしさ、Mちゃんのセリフかアドリブかわからない自然な言葉のおかしみ。N君の大暴れは、目つきまで“その気”でしたが、R君の「あお君、もういいよ」のセリフが最後には「Nちゃん、もういいよ」になって、N君の迫力に押されたR君の動揺と赤鬼の青鬼に対するあの場の思いに重なっていい味出していました。前後しますが「筆に力がはいっている」と言ったS君は、手の平をグーに握っていて、彼自身あの場に立っていることにすごく力が入っているのだなと感じて観ていました。娘はと言えば、甘えん坊で、赤ちゃんっぽいという我が家での評価に相反して背筋のピンと伸びたしっかり者のお母さんを凛と演じていて「幼稚園だと娘はあんなにお姉さんっぽいのか」とびっくりの姉。Oちゃんの雷様みたいな可愛い鬼のニコニコうれしそうな踊りもとても楽しめました。

小さな哲学者

「どうしてだろう」「なんでだろう」と様々なことに興味・関心を向け、これぞということになると深く追及していくことを楽しめるのが5歳児。その5歳児のことを「小さな哲学者のようだ」と言うのを聞いたことがあります。私も本当にそうだなぁと思いました。「小さな哲学者」のような5歳児の子どもたちが、どんなことを「どうしてだろう」「なんでかなぁ」「こうなんじゃない？」と考えるのか……一緒に追及する大人もワクワク・ドキドキします。

バッタは泳ぐのか

担任と子どもたちとが虫の話をしていたところに、たまたま私が居合わせたときのことです。

子ども「バッタって泳ぐからさぁー」
子ども「そうだよねー」

と子どもたちが言い始めました。何がそのきっかけだったのかはわからなかったのですが…。話は、そのまま通り過ぎてしまいそうだったのですが、私が口を挟んでしまいました。（バッタは泳がないと思っていたので）

私　「えっ!? バッタって泳ぐの？」
子ども「泳ぐよ～」
私　「本当？ 見たことある？」
子ども「泳ぐよ～絶対!!」
私　「えー？？ 泳がないでしょ？ アメンボじゃなくてピョンピョン跳ぶあのバッタだよ？」
子ども「うん、泳ぐよ!!」
私　「そうなの？」
子ども（確信をもって）「うん!!」
私　「他のみんなも泳ぐって知ってた？」
子ども「知ってたよ！」
「う～ん？」

「知ってた、知ってた」

私「……？」

担任「そうか～じゃあさぁ、先生と同じで知らない人もいるから、バッタを捕まえてきてやってみようよ～。バッタを捕まえてきてやってみようよ～。先生は、泳がないって思ってたよ～。ね、見たことない人、見てみたいよね」

担任「じゃあ、明日野津田公園にバッタを捕まえに行こうか。そうして、泳がせてみよう」

子ども「いいよ～」
子ども「やってみよう～」
子ども「うん、うん」
子ども「カマキリはどうなんだろうね？……」
担任「そうだね、じゃあ、明日虫取りに行こうね」

というわけで、実際にバッタが泳ぐのか試してみることになりました。

担任も私も子どもたちもまさにワクワク・ドキドキ。その日は職員室に帰ってから他の

先生たちにもこの話をして、この日は『バッタは泳ぐのか?』の話題で持ち切りでした。

次の日、私も一緒にバッタを捕まえに行き、幼稚園のビニールプールに水をため実際にやってみました。

みんなが息をのんで見つめる中、バッタを浮かべてみると……

アメンボのようではありませんでしたが、向こうの端まで　足を動かして進んでいったのです!

「わぁー泳いだ~!!」

子どもたちは、みんな目がまんまる!!　私も感動!　でした。加えて、カマキリも捕まえたので、やってみると、カマキリは身動きできず沈みそうになってしまい、すぐ救い上げました。

「ああ、カマキリは泳げないんだね…」

その後、こんな話題にもなりました。

カタツムリの殻は?

カタツムリの殻は体と一緒に大きくなるのか、それともやどかりのように住み替えるのかということが話題になりました。

子ども「僕は、からも大きくなると思う」

子ども「えー?　お母さんが、やどかりみたいに別の貝に住み替えるって言ってた」

子ども「どうなのかなぁ…」

担任　「先生調べたんだけどね。みんなの爪が伸びるのと同じように、かたつむりの殻は大きくなるんだって」

子ども「でもさぁ、先生それ何で調べたの?　パソコンだったらどうかわからないよ。パソコンって嘘も書いてあるもん!」

担任　「なるほど……」

子ども「そうだねぇ、そうだよねー」

「バッタのときみたいに本当のカタツムリを見ればいいよね」

担任「でも、もう寒くてカタツムリは冬眠しちゃってるからね…」

子ども「……そうか～」

担任「どうなのかなってことは、みんなが1年生になってからだね。みんな1年生になったら、本当のカタツムリを見てみてね」

赤カブはなぜ辛い

「赤カブ」食べたら辛かった
なんで辛いんだろう
赤いからかな
キムチも辛いからな
でも、イチゴは赤いけど辛くないぞ

真実を突き止めようとするときは実際の物を見て。

そうできなときは、どうなのかなぁと考えることを面白がれる5歳児。

本当にどうなのか…今でなくていい。

考えることを面白がることを大事にしたい。

大人が知っていることをあえて言ってしまわないでいることも大事なことのように思います。

★ 包丁を使う ★

月１回誕生会で調理活動をします。幼稚園の包丁は毎年研ぎにも出していて、すごくよく切れます。切れない包丁の方が危ないのです。切れる包丁は、切れ味がいいので、切ることが面白くなります。慎重に丁寧にゆっくりと包丁で野菜を切ります。息をのみながら切った後は達成感で笑顔の子どもたちです。

★ 彫刻刀を使う ★

５歳児の３学期に版画に取り組みます。それまでの間にいろいろな道具に出会い使ってきている子どもたちですので、道具の面白さも、怖さも実感しています。彫刻刀はその中でも危ない道具です。保育者もいつもよりしっかりと体制を組んで（人数も増やして）臨みます。初めは１０分位集中して彫っているとくたびれますので、「もっとやりたい」と子どもが言っても１０分位で終わりにします。「今日はこれでおしまいにしよう」というと「ふー」とため息が聞こえてくるほどです。そしてその後、危なくないようにどこを押さえたらいいか、彫る強さは？　など、子どもがつかめてきたら少しずつ時間も長くしていきます。子どもたちは、彫ることそのものを楽しみだし、もっと彫るところないかなぁ…と探すほどになります。

本物の道具へのあこがれ

5歳児は危険な物もきちんと使い方を教えれば
使うことができるようになります。
むしろ危険なものだからこそやってみたいのです。
子どもたちは、興味津々です。
大人の道具を使える喜びでいっぱい、
誇らしい気持ちで子どもたちは取り組みます。

★ のこぎりを使う ★

木工作は3歳児の時から取り組んでいます。かなづち・くぎ抜きは、もう大人よりも巧みに使う子どももいるほどです。4歳児までは、木片は保育者が用意していたのですが、5歳児はのこぎりを使って自分で切り出します。5歳児になったからこその活動。危ないことをしたらどうなってしまうかも考えながら、子どもたちは真剣に取り組みます。自分の手でものをつくる喜び、大人みたいに道具を使える喜びを5歳児の子どもたちは感じ、行動できるのです。

★ 陶芸家の衛藤さん ★

幼稚園で採れた野菜を自分たちで調理して食べるときに、自分でつくったお皿で食べたいということで、陶芸家の衛藤さんに来ていただき、子どもたちに土でつくる技などを見せてもらいながら自分のお皿をつくりました。衛藤さんの真剣な話、ろくろを使う技などに引き込まれ、子どもたちも真剣に土にむかっていました。つくったお皿も大事に大事にしています。

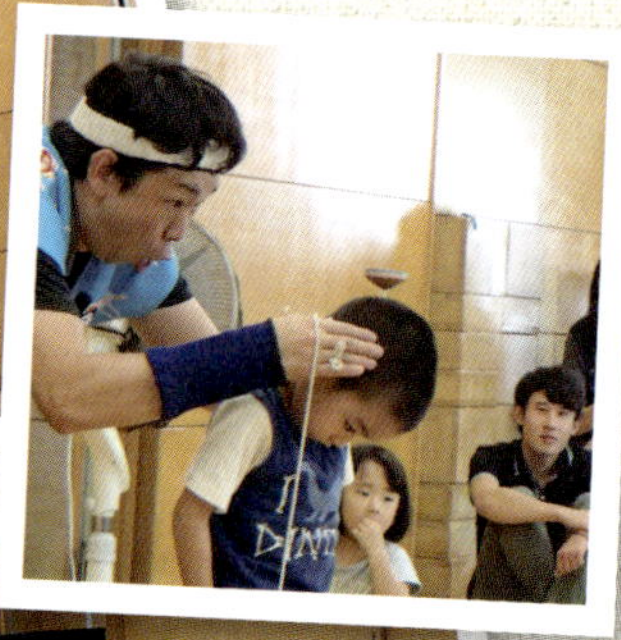

★ 独楽のたけちゃん ★

独楽のたけちゃんが毎年独楽の技を見せてくれます。保育者もやりますが、やはり専門家のたけちゃんの技はすごい！　のです。

いつも「あ、こりゃ、こりゃこりゃこりゃこりゃ～」という掛け声と共に技を見せてくれるのですが、この掛け声をかけるとなんだかたけちゃんになったような気持ちになって、力がわくようです。明日は独楽のたけちゃんのように……夢見て独楽に取り組む子どもたちです。

専門家へのあこがれ

★ 木工職人の室橋さん ★

学級で、自分たちの小屋づくりをしようということになった年がありました。初めは、段ボールでつくっていたのですが、段ボールではどうしてもつぶれてきてしまうし、2階のある家にしたいなぁということになり、木で教室に遊ぶ小屋を建てることになりました。でも、担任もそこまでの木工はやったことがなかったので、子どもとの話は盛り上がったものの、どうしようか、と困ってしまいました。こうすればいいか、ああすればいいかと考えても、もし小屋がぐらぐら倒れてきたら大変です。そこで、木工職人の室橋さんに相談してみました。話しているうちに保育時間中に来てくれるということになりました。

「こうやると頑丈にできるよ」「ここは……」と手際よく作業を教えてくれる室橋さん。室橋さんが耳に鉛筆をはさんで、おでこには手ぬぐいをまいていました。この室橋さんにあこがれたK君はすっかりその室橋さんの格好もまねをして、今日は室橋さんが来てくれるよという日は、待ち構えていました。しっかり室橋さんにくっついて作業するKくんの姿が印象的でした。

中で…

「知る」ことは
「感じる」ことの
半分も重要ではないと
固く信じています。

レイチェル・カーソン
『センス・オブ・ワンダー』より

自然の

グルグルめぐる 和光鶴川幼稚園

おいしいお野菜
つくろうね!

みんなで食べるとおいしいね!

団栗《どんぐり》の丘（畑と原っぱ）を通じて

●5歳児ってどんなとき？

子どもを応援する保育者の責任と役割

毎年同じ活動に取り組んでいると、『ここまでできなくては星組ではない』と出来栄えが発達の指針のようになってきてしまい、子ども自身も自分を苦しめてしまったり、大人も子どもたちを知らず知らずのうちに、追い込んでしまうことになってしまいがちです。

私は、子どもたちに「星組になったからこんなことができるんだ」とちょっと背伸びして取り組むことの誇らしさ、うれしさ、楽しさ……から取り組んでほしいと思っています。子どもの中にある「自分がこうなりたい」「やりたい」「やれるようになりたい」という気持ちを引き出し、一人ひとりが主体的に向かうことを大切にしたいのです。それには、子どもたちとどう保育者が向き合うのか、子どもから何をキャッチするのか……その場、その瞬間、子どもたちの言葉、言葉にならない思いを感じようとする保育者の感性を研ぎ澄まさなければなりません。

言葉にならないプレッシャー

走り縄跳びへの取り組みの中で

暑さのせいもあったと思うのですが、「走り縄跳びをしよう！」と言うと、「えー、いやだー」の声の多いこと。「中学校のグランドまで歩くのいやだ」など、いろいろ聞こえてきます。どうも私の感じるところでは、走り縄跳びといえば「星組の運動会でのあの姿」ということで、子どもたちにしてみたら、大人

が思う以上に運動会で星組がさっそうと速く走っていた姿が印象に残っているのでしょう。「運動会でやるんでしょう?」と口にする子もいました。私は子どもたちには「運動会でやるんだよ」などとは、意識的に言わないようにしていたのですが……。

そして実際に走り縄跳びを始めてみると、速く走っていこうとしすぎて自分のリズムがつくれない子が多いな、と感じられました。言葉にならないプレッシャーを子どもたちは感じてしまっている。星組のあの姿を〝あこがれ〟として自分の励みにするのならいいのですが、プレッシャーでは辛いです。いくら私が「最初はゆっくりでいいから…」と言っても、子どもたちの気持ちは速く速くとなりがちで、すぐにひっかかってしまうことが多く、表情はまったくさえませんでした。

「先生、みてみて」

どうしたら楽しくなるんだろう? と、私

は内心焦っていました。楽しくやれないことをどうしてやらなくてはいけないの？　と私も葛藤していました。そんな中で、

りゅうじ君が「先生、みてみて」とうれしそうに私に走り縄跳びをやって見せてくれていました。

りゅうじ君は、腕を大きく回して悠々と、軽やかに跳んでいました。思わず、「うーん、りゅうじ君の走り縄跳び、気持ちよさそうでいいね」と声をかけ、私自身ハッとしました。そうか…気持ちいい縄跳び…。自分で自分の体が気持ちいいと思える、そんな姿を目指せば一人ひとりの走り、一人ひとりの走り縄跳びでいいんだよ、ということも伝わるのではないか、と思いました。

自分の気持ちいい速さで

そこで、さっそくみんなを集めてりゅうじ君にやってもらいながら「先生、りゅうじ君の縄跳びってとっても気持ちよさそうでいいなって思ったんだ。みんなもこんなふうに気持ちいい！　っていう走り縄跳びになるといいね」「自分の速さでいいんだよ。自分の気持ちいい速さで」と話しました。

子どもたちもりゅうじ君の姿を見て私と同じように感じたようで、表情がパッと明るくなりました。そして、一人ひとりやってみると、グンと様子が変わりました。体を硬くしていたひろちゃん、みさとちゃん、ようこちゃんも自分の速さで自分のリズムでやりだし、それまでは三回位でつかえていたのに、長く続くようになり、「先生、みてみてー」とうれしそうに言い始めました。縄跳びを手にしようともしなくなっていたあきら君は、片手に縄跳びを持ってぐるぐる回しながら勢いよくみんなと一緒に走り始めました。ただし君もたいち君も焦らなくなっただけで、とても気持ちよさそうに続くようになり、ニコニコ何度も運動場を回りながら「先生、みてみて」と言ってきました。

これは、時間にすればたった四〇分くらいの間のことです。子どもたちってすごい！「そうか～」と思えたらこんなに変わるんだ！と子どもたちの力に感動！でした。この日以来、「走り縄跳びしよう」と誘うと「いやだ！」という声は聞こえなくなり、反対に「やったー」と張り切って縄を持ち出すようになった子どもたちでした。

「気持ちよく」のためには、ひっかからないで続けられるほうが気持ちいい…そのために引っかからないで跳ぼうと子ども自身が意識的に跳んだり、それができるようになるともっと速く走ってみたくなり…と一人ひとりが自分の目標を持って取り組むようになりました。私はその子どもたちのそばにいて、変化したところを一緒に喜んだり、励ましたりし続けました。

引っかからないで続けられるようになると子どもたちはうれしくて、決して体を使って遊ぶことが好きではなかったあきちゃんなど

は「もうやめようよ」と言ってもやめず、転んでも泣かず、というくらいになり、私のほうがびっくりしてしまいました。そして、子どもたち同士もそんな友だちの変化を見合い、感じ合い、「あきら君、すごく続くようになったね！」と自然に言葉が交わされるようにもなっていました。

どんな姿を目指すのか

運動会という見せる場で同じ種目を続けていると、前の年の子どもたちと出来栄えで比べてしまうことになりがちです。その結果、子どもたちと向かい合うというよりも、大人がいいと思う姿に子どもを近づけようという指導になってしまうことには疑問を感じています。また、私たちの園では、5歳児は毎年走り縄跳びに取り組んでいますが、走り縄跳びは、速く走れるようになることが目標。走りながら跳べるということは、速さを競うことで面白くなるはず……と大人が子どもの目標や楽しさを決めてしまう取り組み方へも疑問を感じてきました。そのような大人の固定概念を変えなくては、子どもを主体にした活動はつくっていけないと思っています。

前述の子どもとの関わりの中で、「ゆっくりでいいよ」と声をかけても子どもたちには響かなかった。それは、「ゆっくりでいいよ」と声をかけるということは、速く走りながら跳べるようになるという前段階としての「ゆっくりでいいよ」だったからなのかなぁと思います。（私はそのときにはそこまでは考えていませんでしたが）子どもたちは、その「ゆっくり」には体が反応しなかったのだろうと思います。

一方で、子どもたちが「いやだ」と言ったとき、そんなに「やりたくない」のか、「じゃ

あ、やめてしまおう…」でいいとは思っていません。「やりたい」けれどやれそうもないから「やりたくない」と言ってしまう……子どもたちの思いは外に出てくる言葉や態度ほど単純ではないと思っています。走り縄跳びなんて、やれなくても何も困らないことかもしれない、だけど、やらなくていいと機会を奪ってしまうのも違うと思うのです。

その子どもが「できるようになりたい」ことを応援する

応援するというのは、ただ「頑張れ」ということではありません。

できなくて、子どもがくじけそうになって「もういやだな」と思うことがあっても、「もうあきらめちゃったんだね、やめちゃったんだ…」「無理かな」などと大人が言わない、決めつけない（大人の心の中では、そういう思いがよぎったとしても、子どもに言わない）。「いつまたやる気になってやり始めるのかなぁ…」やる気になったらまた何事もなかったかのようにそばにいる。子どものやる気にさりげなく働きかけ、引き出しながら、子どもの気持ちの変化を待つことが大事だと思っています。途中でいやになったからといってダメなわけではないのですから、大人が先にあきらめてはいけないのです。「疲れちゃうときはあるよね～」と気持ちに共感。でも、「どうなりたいのかな?」とそこに寄り添うことだと思います。

寄り添うといっても ただ黙って見守っているだけではない

ちょっとここは変わってきたねということを本人がつかめるまで、こちらも本気で必死にやる気が出たそのときに工夫してかかわる

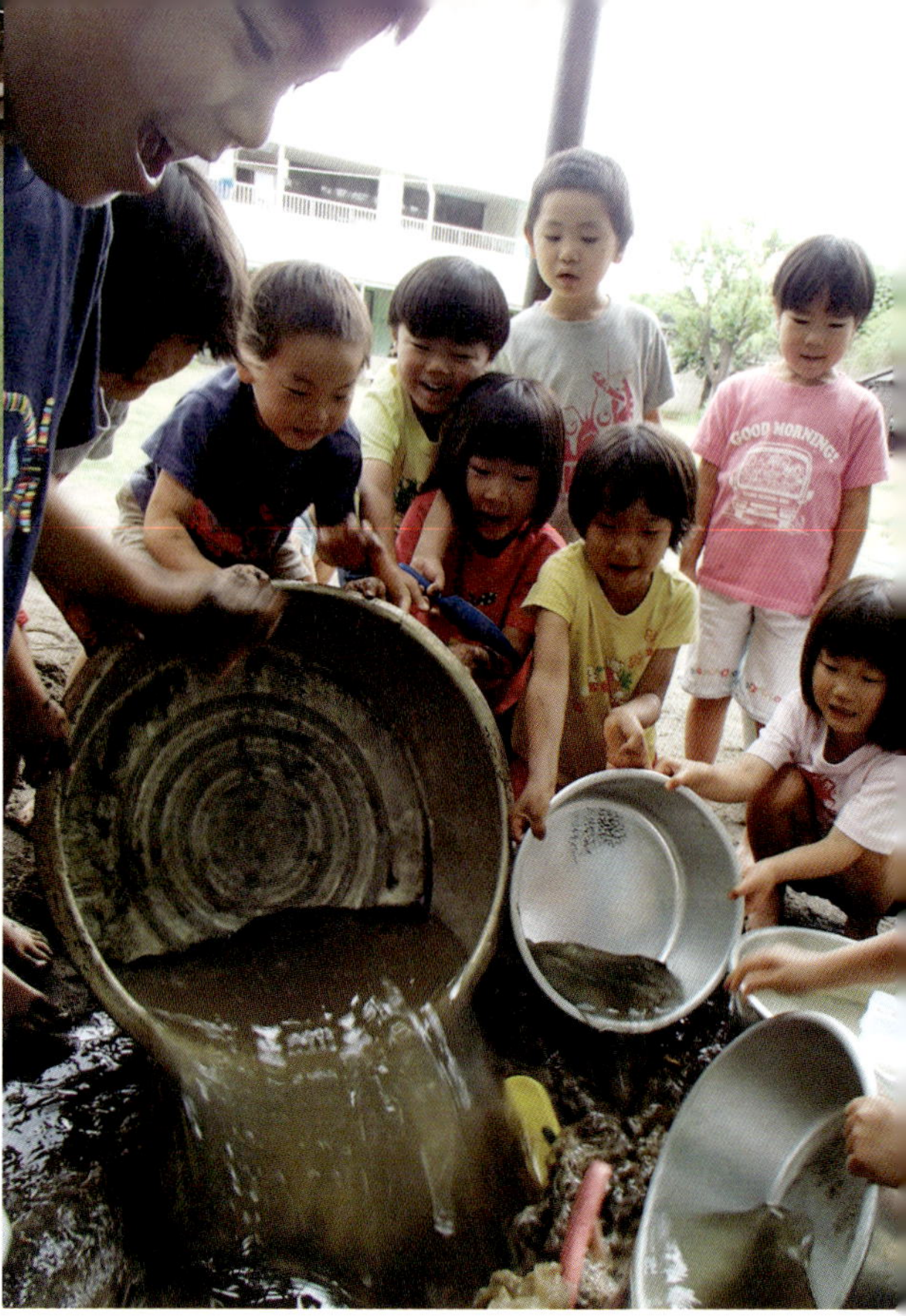

……本人がちょっと背伸びすれば手の届きそうな位置にある課題を見つけて、「こんなふうになれるといいよ」「こんなふうにしてみたら？」とその子にとってのタイミングを見ながら、考えながらアドバイスする、決して押し付けないで……ということが保育者の寄り添うだと思っています。

なんでも肯定的に、仲間と共に

その子の表情も言葉にして「うきうきしてるね」「うれしそうじゃない？　今日」などと、プラス思考を本人にも周りの友だちにも伝えたり、「やりたくないなぁって思っていたのに、○○ちゃんがやろうって言ったらやれちゃったんだよね、そんな力が出ちゃったんだよね～」「○○ちゃん誘ってくれてありがとう。よかったね」と知ってもらったり、わかってもらったり、励ましてもらったり、うれしかったことを喜び合ったり……という、子ども同士の関わり合いの中で生まれる力は何にも勝ると思っています。

形としては何もなくても、「ある」もの「生まれたこと」を言葉にして共有する、共感する、そのうれしさが子どもの自信になると思います。

5歳児はその自信を自分の力に変えることができるようになる年齢です。だから、その子どもの気持ちを力に変えるところを具体的にアドバイスすることが、子どものあきらめない気持ちを育てると思っています。

そして、「少しずつ」の「達成感の積み重ね」を大切にすることです。

それが、応援する保育者の責任。今やりたいと思ってやりだしたそのことが次の自分へつながるんだって子どもが実感できることは大事なことだと思うからです。

幼児は体験が少ないので、せっかくやる気になっても「やっぱりだめか」とくじけてしまうのが早い子どももいます。そんな時の工夫の仕方は、友だちも一緒に考えてくれたり、友だちの姿から学ぶことが大きいです。そんな子ども同士の関係がつながるような保育者のアドバイスが大事だと思っています。「頑張れ」ではない、具体的にチャレンジできることを、保育者も本人の思いを一緒に背負って、必死で、全身全霊で考え助言する……。

でも、あくまでさりげなくアドバイスする。ちょっとでも変化したところを見つけて「変わったよ」って子どもの目を見て笑顔で声をかける…。その子の実感が大事だから…目と目を合わせて笑顔の共感…大きなリアクションで伝える時もあるけれど、静かな共感の時もある。「やったね」「うれしいね」という気持ち、「もう少しだね」「悔しいね」という気持ちを通い合わせていきたいという保育者の思いを子どもに届けることが応援になることもあります。

子どもが自分で歩み始めたら、保育者のやることは見守り、見届けていくことが大切だと思っています。

必死になるっていいじゃない

運動会はやっぱり星組にとっては大きな目標だったんですね。本番までの数日間は、親も子もその話でもちきりでした。靴は、どれが一番ぴったりして走りやすいか、毎日とっかえひっかえに一番本人がしっくりする靴にしたり、「手をパーに広げて走るほうが速いと思っていたけれど、グーにして走る○○君はすっごく速いから今日はそうしてみた」とか、話を聞いているうちに、こちらも真剣になってしまいました。毎日走って走って、もう走りたくないなんて思ったりしないかなんて、余計な心配でした。「ママ、走るって気持ちいいんだよ〜！明日もやるぜ！」なんてやる気マンマン！夢中になれる、その瞬間の顔を忘れたくない！そんな思いで応援しました。

どの子もどの顔もカッコよかった。“必死になるっていいじゃない”子どもたちに忘れかけていたこの気持ちを改めて教えられたようです。「ママ、すっごく楽しかったぁー！」「ママもすっごく楽しかったよー！」「パパはビデオとってたけど、応援に夢中になって肝心なところとれなかった」「りゅうじってすごいんだね。お姉ちゃんびっくりしたよ」夕食時の会話に照れくさそうな息子でした。

ありがとうございました。

保護者と一緒に

12年前の姉の時と重ねてみると

運動会の取り組みが始まったころ、先生より「一人ひとりの子どもが気持ちよく跳べる、走れることを目標にして」というお話がありましたね。前年までに子どもたちが見てきた星組のすごさが、意欲やあこがれの一方で、緊張や恐れとなって、子どもを不自由にしてしまう、力が入ってしまう長年の経験と現場だからわかる洞察は、そのまま親の気持ちにも置き換えられることでした。花・月の親として星組を仰ぎ見て、“明日のわが子の姿”とあこがれ、期待する内心に、そのでき上がるまで発達の指針のように緊張し、ちゃんとやってくれるだろうかと恐れもする…。

そこから心から解放してのびのびと気持ちよく跳んだり走ったりできるよう、また、その姿を微笑ましく、暖かく声援できるようにという配慮は、子にも親にも優しい心遣いと受け止めました。反面、12年前、そこまで子どもの活動や自分の気持ちを掘り下げて考えることができず、ただひたすら「頑張れ!」「はやく!」「失敗するな!」と応援した経験を持つ私には、幼稚園や先生の言う配慮という言葉を「子どもたちの達成度、親たちの熟成度の問題なのかな」と深読みしたり、失敗や傷ついたりすることを恐れるあまりの「転ばぬ先のリハビリ」になってしまったら過剰保護なのではないかとも葛藤しました。運動会日和の当日、12年前のわが雄姿(?)に想いを重ねる姉は、妹の楽しそうな一生懸命(走り縄跳び)を観て、「いつあんなに跳べるようになったんだろう」と驚きの声。「私なんかひっかかったらどうしようって必死だったよね。速さや跳び方は違っても、できない子は一人もいないんだよね」と感心。他の子どもたちの様子にも「キャラが見えますねー。私たちの時はみんなムキムキ必死だった気がするけど、なんか楽しそう!」

「気持ちよくできる」ことの本当の意味が母の中にストンと落ちて納得した瞬間でした。

●5歳児ってどんなとき？

仲間と共に未来をつくりだす力を育てる

協同的学び

5歳児の二学期の時期になると、それまで子どもと大人、子どもと子ども同士が和光鶴川幼稚園の生活を通じてつけてきた力を土台にして、「こんなことをしたい」「やってみたい」という思いの実現に向けた活動を大切にします。「どうなるかな」とワクワク・ドキドキを共有しながら、保育者や学級の仲間と知恵や力を出し合い、自分たちの納得できるものをつくり出していくのです。その年のその子どもたち・保育者とでしかつくりだせない、その年限りの活動です。

「～をしよう」という取り組みの課題やそれを実現するための形ややり方を、大人が全て用意してそこに子どもたちを向かわせるのではなく、子どもたちの思いと大人の思い、

子どもと子どもの思いをつなぎ合わせながらつくり出していくことを大切にした活動です。つくり出していく過程を保育者と子どもたちとで対話しながら楽しんでいく取り組みにしたいと思っています。

保育者は、目の前にいるクラスの子ども（たち）が面白がっていること、興味・関心が湧いてきていることを受け止め（感じ取り）、一緒に見たり、考えたり、調べたり、つくったり…を始めたり、保育者からの願いや思いや考えも子どもたちに出したりしながら、子どもたちの興味関心をつなげていきます。そうしながら学級の仲間と保育者とでやりたいことやりたかったことが結びつき、クラスでの活動になっていきます。そしてみんなをつなぐテーマも見えてきます。

この取り組みは、担任一人でできるものではありません。降園後は、他の年齢の保育者も5歳児の担任から学級の様子を聞き、次にどの方向へ取り組みを進めていこうかなど、知恵を出し合い取り組みをサポートしていきます。（時には、父母のみなさんやその道の専門家にも力を借りることもあります。）

幼稚園の大人のつながりも子どもたちの活動を通じて広がったり深まったりしていきます。

子どもたちの「夢をかなえる実践」

何でも絵本になっちゃう…『お話づくり』

私は子どもと絵本づくりをして遊ぶことが好きで、私のいる職員室に遊びに来た子どもと絵本をつくってよく遊んでいました。子ど

もが話したことを本のように閉じた紙に私が文字を書き、子どもが絵を後から描いたり、子どもが絵を描いていったものに「何を描いたの?」と聞きながらお話としてつなげていく…というようなお話づくりでした。みーちゃんが、そのつくった絵本を学級のみんなに発表したことがきっかけになり、「お話づくり、私もやりたい」と他の子どもたちにも広がり始めました。担任の岩月先生も子どもたちがつくってくるお話が面白くなり、できるたびにお話を子どもたちに読み聞かせしました。友だちのつくったお話は、どんなお話でも子どもたちは、一生懸命に、楽しそうに聞き入っていました。

そのクラスでは、それと並行して、段ボールなどを使って、ドールハウスをつくってきた子どもがいたのですが、その家に人形を紙でつくり、ごっこ遊びが始まっていました(その後人形を紙粘土でもつくりました)。岩月先生は、これも絵本にしたら面白いかもしれない…とそのごっこ遊びの様子を写真に撮り、絵本にしてみました。子どもたちも自分たちが話していたことが本になったことで大喜び。そこからまたお話がつくられるようになりました。そうして、そのドールハウスは周りに庭や公園もつくったり、トイレもつくったりと広がっていきました。子どもたちの「こんなのもあったらいいんじゃない?」という世界をミニチュアでつくり、そこで遊びながらまたお話がつくられていくことになったのです。

また、家庭で(親子で)つくったお話も届けられるようになりました。子どもたちのつくったお話の絵本が本棚にたくさん並び、教室が図書館のようになったのです。「図書館みたいだね」と話していたことから、その後、クラスのみんなで図書館に見学に行こうということになりました。本の並べ方や貸し出しの仕方を見たり、「おはなし会」を体験させてもらったりしました。幼稚園に帰ってから、

自分たちのつくった本を図書館のように並べたり、貸出コーナーをつくったりして図書館のようにして、父母や他のクラスの子どもたちを招待し、自分たちのつくったお話を誇らしげに伝える子どもたちでした。

一人ひとりが自分のつくったお話や友だちのつくった話も自分のことのように話す姿は、一回り大きく見え、キラキラしていました。

「お茶したい」からはじまった「ゆめのくに」

女の子の何人かが、（お母さんたちのまねだったのでしょうか？）担任の室橋先生に「お茶したい！」と話したことがきっかけで、幼稚園の雑木林にテーブルと椅子をつくって持って行って「お茶しようよ」ということになり、木材を使って本当のテーブルと椅子づくりが始まりました。

教室で、その話をみんなにすると、「えー！

僕は、雑木林に滑り台が欲しい」「足湯に入りたい」「トランポリンがあったらいいな」「ぶらんこがほしい」「ターザンロープがほしい」と他の子どもたちからもいろいろ思いが出されました。

その中で「ぼくはトロッコをつくりたい！」とある男の子が主張していました。室橋先生は、「トロッコは…ちょっと無理では?…」と思いつつ話を受け取ったようなのです。でも、その後の職場の研究会で「『トロッコ』がキーワードかもしれないね…」という話になりました。「幼児がトロッコに乗ってみたいって、どういうイメージなのだろうね？　本人に聞いてみたほうがいいよ」ということで、担任が聞いてみると、手動のトロッコのイメージだったようです。『インディージョーンズ』（映画）で見たそうです。「そうか～手でこぐ形のトロッコをつくるのは…難しいかな…」「トロッコって他の形もあるよ」と絵を見つけたりしながら子どもたちとの話は進みました。

もちろん、子どもたちの中にはトロッコのことなど知らない子どももいたのですが、そんな話をみんなでワイワイしているうちに、「雑木林に自分たちの思っているものを実際につくれるんだ！」という気持ちがどんどん高まっていきました。電車でもなく汽車でもなくバスでもなく、子どもたちにとって日常では見たこともないトロッコを走らせるというイメージを共通にしていく話し合いを通じて、思いがつながっていったのです。

そして、その後トロッコや足湯や滑り台やターザンロープ、お茶するテーブルとイスを雑木林につくっていきました。もちろん子どもだけではできないところは、大人も一緒になってつくりました。一つ大変困ったのが、トロッコを危なくないように走らせるための線路づくりでした。子どもたちと保育者とで一生懸命平らになるように土を掘っていったのですが、どうにも大変で困っていました。そんな話をクラスの父母にしていたところ、梨

園をやっているお父さんが、機械をわざわざ幼稚園の雑木林に運んできて、トロッコを走らせるための溝を掘ってくれたのです。

そんなふうにしてみんなの力でつくった雑木林の遊び場に、名前を付けようということになりました。いくつかの名前が出されたのですが、これがいい！　ということになったのは「ゆめのくに」でした。子どもたちの「ゆめのくに」には父母も招待して、楽しみました。「トロッコ」が走り「お茶する！」のも「足湯」も実現して、雑木林はまさに「ゆめのくに」になっていました。

「エルマーランド」ができた！

一学期に『エルマーの冒険』の絵本を読んでからエルマーのお話が大好きになり、自然発生的にエルマーごっこをして遊んでいた子どもたちでした。七月には一人の子どもの「エルマーのお話をすごろくにして遊びたい！」と

いう提案から、遊びが広がっていました。でも、担任の進藤先生は他にもやりたいことがある子どもがいるかもしれない、もっといろいろな子どもの思いを掘り起こして、つなげて活動をつくっていくことが協同的学びなのではないかという考えから、保育者から「エルマーの冒険すごろくをみんなでやろう」と子どもたちに切り出すのをためらっていました。

ちょうどそんな時期に加藤繁美先生（山梨大学）に来ていただいて今年度の星組の協同的学びについて研究会がありました。そこで加藤先生から、「クラスの中にすでに起きているショートストーリーをいくつも重ねていても、それはつながっていかない」「これをやろう！　という共通の目標を持ち、そこに行きつくためのディテールを細かく細かく埋めていく思考を子どもたちに育てることが大事なのでは？」

また、「和光鶴川幼稚園の協同的学びの実践が始まって五年過ぎ、そろそろ園の文化として定着してきている。子どもたちが星組になったら『自分たちは何やろうか』と言える、そんな5歳児に育てることを、保育者の意図として持つことを覚悟してもいいんじゃないか」とのアドバイスをもらいました。

子どもたちとの対話を大事に、子どもの思いを大事にするためには、担任が「〇〇をやろう」と切り出してはいけない、「自然発生的に…」でもそれはどういうこと？…と悩むところでしたので、保育者みんな「うーん……」と考えさせられました。そして、あらためて『子どもとつくる』ということについて深めていきたいという思いになりました。

子どもたちの中にはすでにこれまでの星組のイメージがあり、「星組になったら何かみんなでやれる」「自分たちも花組・月組（3歳・4歳）の子どもたちを招待して自分たちのやっていることを見てもらうんだ」「自分たちは何を？　いつやるの？」という思いが

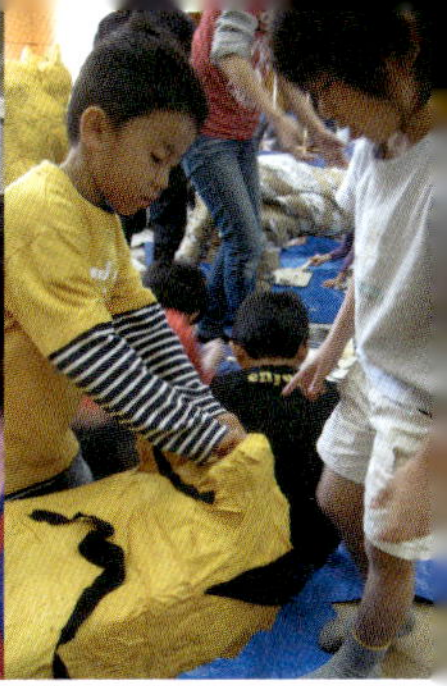

育ってきているのではないか、その子どもたちの思いを保育者が受け止めていくことが大事なのではないか。「大きな目標に」みんなで向かおうというところから始めることをためらうことはないのではないか…とみんなの覚悟も決まりました。

　翌日、進藤先生が子どもたちに「みんなでエルマーの冒険すごろくをつくろう！」とあらためて提案すると「もうつくってるじゃん」「教室の入り口からすすめていくやつでしょ」「積み木と同じ大きさのサイコロがいい」「いのししにあったら3進むとか…」「どうぶつの順番がいつもわからなくなるから貼って！」と子どもたちは、もうつくっていく思いにあふれていて、「先生何をいまさら？」というような反応だったのです。そうして、エルマーの冒険すごろくづくりが始まりました。

　この大きな目標に向かって、一つひとつ子どもたちの思いを実現させようと、アイデアを出し合い、つくり、時には失敗もし、またアイデアを出し合ってつくり……「（実際に人間が動いていく）大きなエルマーの冒険すごろく」がつくられていきました。体育室に本当に乗れる「ふね」や「いのしし」などもでき、大きな大きなすごろくができ上がりました。初めのうちは、つくった自分たちが思いきり遊んでいましたが、そのうちに、これは「エルマーランド」と名付けられ、花組・月組・親たちも招待しようということになり、幼稚園のみんなで楽しみました。

　このように毎年毎年、その年の子どもたちと保育者とでつくり出す活動、私はこの活動は子どもたちの「夢をかなえる」実践だと思っています。

小学校の入門期を幼稚園の視点からどうとらえるか

和光鶴川小学校　加川 博道

加川《かがわ》 博道《ひろみち》

和光鶴川小学校教諭
専門は算数数学教育
教師歴34年（鶴小で24年）

「交流」と「共感」：一日の始まり「朝の発表」

和光鶴川小学校1年生の一日は「朝の発表」から始まります。「学校に来る途中で見つけました」ととってきた花をみんなの前で見せたり、「こんなことがあった」と前の日の体験を語ったり…。発表者が多く、一時間目をまるまる使うこともしばしばです。「それ〇〇っていう花だよ。うちの近くにもある」「ぼくもね、同じことがあったよ」などなど、「発表」を通して「交流」し「共感」が広がります。

たろう君は入学式の次の日から三〇日間続けて「朝の発表」に登場しました。「こんなものを見つけました」「昨日こんなことがありました」など、ふだんなかなか席に着けない、おしゃべりもやまないたろう君の、決して思いつきでないちゃんと準備してきたことがうかがえる発表でした。三一日目にして初めて登場することのなかったたろう君。いつの間にか席にも着けるようになり、おしゃべりも少なくなっていました。「ああ、この子は新しい集団に慣れるために毎日発表していたんだなあ」と思いました。発表し、それを聞いてもらい、質問や意見を言ってもらうことで、共感され、知らなかったクラスのみんなに受け入れてもらう実感をもつ。そうやって集団に位置づいていったのです。

ダウン症の障害を持つやえちゃんは入学当初、朝なかなか教室に入れませんでした。担

当の6年生も困っています（和光鶴川小学校では入学式で手をつないで入場してくれた6年生がしばらく1年生に「その子担当」でついてくれるのです）。今朝は外で縄跳びに夢中です。それがとても上手に跳ぶのです。二階の教室のベランダからよく見えました。「みんな、やえちゃんがとっても上手に縄跳び跳んでるよ。やえちゃんの『発表』見ようよ」とみんなをベランダに誘い、やえちゃんの縄跳びを見ました。「すご〜い、やえちゃん!!」とみんなは大拍手です。満足したのかやえちゃんはそのあと教室に入ってきました。算数の時間にも教室にいなかったやえちゃん。一緒についている先生とともにいろいろな形のゴミ箱を抱えて帰ってきました。ちょうど算数は「仲間集め」の勉強中。「すごい！やえちゃんが『ゴミ箱の仲間』を集めてきた！」。ちゃんとわかっているんだなあ、そして、みんなに褒められたくてがんばっているんだなあと思いました。

そうやってそれぞれの思いを「交流」し「共感」しあうことで子どもたちはつながっていきます。そこにはおのずからそれぞれのこれまでの育ちの共通点や違いが見えてきます。

「小1プロブレム」は学校の問題

「小1プロブレム」が話題となって久しくなります。各幼稚園、保育園から小学校に進んだ子どもたちが、授業中椅子に座っていられない、勝手なことをはじめる、先生の話を聞かないなど、「学校生活に支障をきたしている」問題です。そのために小学校のような授業形態を取り入れた、いわば準備期間を設ける園も増えてきていると聞きます。

和光鶴川小学校
5年生との交流

けれどその手立ては逆であると思います。幼稚園は幼稚園でたっぷりとその時代を満足することが大事なのです。和光鶴川幼稚園にはそれがありました。「小1プロブレム」はその子たちを受け止める小学校側の問題なのです。小1になったばかりの子が「学校って変なんだよ。お天気なのにお散歩しないんだよ」と家に帰って話していたと聞いたことがあります。まさに入学したての子どもたちにとって、決められた時間椅子に座って、先生の話をじっと聞いて、チャイムが鳴ったら決められた次の活動に移って…という生活はそれまでの幼稚園・保育園の生活とは大きなギャップがあるのでしょう。「こんなに天気がいいのになあ…」と外を見ている子もいるのです。小学校での幼稚園・保育園生活からの緩やかな移行措置がとても大事だと思います。小学校側にそのゆとりがなくなっていることに問題があると思います。

子ども同士、違いを認め、共感しあってこそ

さらに言えることは、様々な幼稚園・保育園で育った子どもたちは、それぞれいろいろな体験や文化を身につけて学校に入学してきます。小学校の入門期は、その違いからくるいわば「異文化コミュニケーション」の時期なのではないかと思います。本来はそのような子どもたち一人ひとりの「迷いや戸惑い」から出発しなければならないのに、いきなり「集団」に押し込められ、全員が前を向かせられ、話を聞かされる…。そのギャップもあるのではないでしょうか？　子どもの個性に合わせて多様な教育を展開している幼稚園、保育

園も多い中、その子どもたちの目線で考えるとどうしてもそう思わざるをえません。

先に述べた「朝の発表」はまさにそれ自体が「異文化コミュニケーション」です。「発表」の一つひとつは一見他愛のないようなものですが、「それを発表しよう」という子どもの思いには、ここまでに育まれたそれぞれの興味関心・こだわりが隠れています。たろう君は「自分の持っているもの」を三〇日間出し続けながらみんなとつながろうとしました。鶴川幼稚園で育ったやえちゃんとみんなをつないだのは、幼稚園時代夢中になって取り組んだ「縄跳び」でした。みんなが持ち込んでくる花の名前を次つぎに教えてくれるよしえちゃんもいました。たちまち「お花先生」のあだ名がつきました。保育園時代に深めた興味関心の世界が見えました。そうやって友だちの特徴を知り、自分との共通点を知り、違いから学ぶ中で徐々に人間関係が育まれていくのでしょう。

また、誰かがあるものを発表すると、同じ発表が続き「ブーム」になることがあります。興味が共通していればみんなで追求する「教材」に発展します。「テントウムシ」や「カタツムリ」がいい例でした。「テントウムシ」が高いところへ上る習性を利用して、みんなで「テントウムシシーソー」をつくったり、雑木林で見つけた「マイマイカブリ」と「カタツムリ」を同じ飼育箱に入れるとどうなるか実験をしてみたり（この時はカタツムリが最後に泡を吐いて逃げ切りました。子どもたちは拍手喝采でした）。「朝の発表」はそんな子どもたちの興味関心から出発する授業につながるのです。ブームのきっかけをつくった子は大得意です。とりわけ小学校入門期にはそんな授業をつくる「ゆとり」がほしいと痛切に思います。

次に、私の専門でもある「算数」の授業を通して述べてみたいと思います。

「学ぶ力」の基礎にある豊かな経験

1年生一学期。小学校で最初に学ぶ数は「3」です。その授業は次のような展開になります。

四月からの「仲間集め」「1対1対応（一つに一つ）」「物をタイルに置き換え多さ比べ」などを経ての「数の導入」です。

初めにタイル3個（□□□）を黒板に貼って「これと同じだけのものを集めてきてね」と一人ひとりにビニール袋を配ります（「さん」という言葉も「3」の数字も習っていないので使いません）。「わかった！」とすぐに学校中に散っていく子どもたち。手近な教室内の「チョーク」「エンピツ」「サインペン」などで済ます子から、学校裏の雑木林で「木の枝」「小石」「木の葉」を持ってくる子などなど、様々な「□□□と同じだけのもの」が黒板の前に広げた机いっぱいに集まります。それぞれ「何の仲間かな？」と確認していきますが、中には「エンピツ・消しゴム・赤鉛筆」という組み合わせも。「仲間じゃない」という声とともに「文房具って言えばいいんじゃない？」とさらに「上位概念」でまとめる子も出てきます。「それでいい？」と言うと「いい」ということに。また、見ていくと「少しの水」が入った袋があります。「これは何が□□□と同じかな？」と聞くと「あのね、水道でね、ぽた、ぽた、ぽたって水を入れた」という答え。「それはいいかな？」と聞くと「いい！」とみんな。さらには空っぽの袋がありました。聞いてみると「フー、フー、フーっ

てふくらました」。それも「いい」ということに。つながっている量（連続量）にまで子どもの発想は及ぶのでした。

「これみ～んな□□□と同じだけあるんだね。これ全部を『さん』っていって『3』って書くんだよ」とここではじめて数字と読み方を教えるのです。あらゆる「3の集合」、その抽象としての数字の「3」をどれだけ豊かに学べるかは、幼児期の豊かな生活経験に依拠しているということをこれほど実感することはありません。

「豊かに学ぶ力」の土台には「豊かな生活体験」があったのです。そしてあらためて小学校の授業の意味を考えさせられました。

たとえば「2年生のかけ算」の最初の授業「数あてゲーム」。

最初に出すのは「6個入りのキャラメル4箱」。「1箱に6個だね」と箱を一つ開けて見せながら「全部開けないでこれ全部で何個になるかわかるかなあ?」と聞きます。すると「わかるわかる」とそれぞれに丸を書いたりたし算をしたり、1年生から学んでいるタイルを書いたりして答えの「24個」を求めます。全部開けて数えてみると確かに「24個」ありました。「やったー」と喜ぶ子どもたち。「こんなふうに全部の数を当てるんだよ」と言うと「わかったわかった」という返事。次は「10個入りキャラメル4箱」。同じように「40個」を求めて数えてみるとこれも大当たり！「みんなの分がある！」と期待感たっぷりです。

そして三問目「3箱のキャラメル」。「何個入りなの?」「箱には12個と書いてあるよ」（開けないのがミソ）。「ならわかる!!」とタイルを書いたりたし算をしたり、涙ぐましい努力の結果全員「36個!!（これももらえる!!）」となります。「それじゃあ数えてみるよ」と箱のシールを取り、3箱いっぺんに開けてみると…、あれれ？あわせて7個しか出てこな

木工作

い！　入っていたのは「3個・4個・0個」でした。子どもたちはしばらくシーンとしているのですが、やがて「ズルだズルだ！　先生ズルした！」の大合唱。箱を見ながら「あ、誰か底を切って中味を出している！」ととぼけても許してくれません。そこであらかじめ出しておいた中味を見せて確かに36個を確認。「ごめんね。お詫びにキャラメルみんなにあげるね」と言ってやっと許してもらいます。

「でもどうしてズルだと思ったの？」と聞くと「だって同じ数ずつ入ってるの当たり前じゃん」と子どもたち。「そうだね、同じ数ずつ入っていれば全部開けなくても中身の数がわかるんだね。それがかけ算なんだよ。みんなかけ算習ってなくてもかけ算やっていたんだね。すごいねえ！」と言うと「そうなのかあ」とちょっと得意げな顔、顔…。そして「同じ数のものがいくつ分かあるもの」を探してみようと呼び掛けると次つぎと見つかっていきました。これまでの経験の中から「かけ算の成立する世界」があることに気づき、それが抽出され、統合されていくのです。けっきょく小学校の授業とは、幼稚園での経験を含めたこれまでの豊かな生活体験を、ある概念でまとめていくことなのだなあと気づかされるのです。

「対話的保育」：他者を取り込み他者とつながる

以前2年生を受け持った時に、立ち歩く子も多く、なかなか話を聞かない、授業が成り立たない、そんな苦労をしたことがありました。算数でもみんなの様々な考え（答え）が

一通り出ると、すでに分かっている子から「まちがってる〜」などの声が出てしまいます。思い余って言ったことは「当たっているか間違っているかではなくて、その人がどう考えたかを推理してみよう。みんなは名探偵コナンだよ」。そう言うと俄然子どもたちが乗ってきました。「○○ちゃんはこう考えたんじゃないか」「△△ちゃんはこうなんじゃないか」とたくさんの「推理」が出ました。そのたびにその子に確かめると「そう」という返事。「やったー」と喜ぶ子どもたち。友だちが好きで、考えることが大好きな子どもたちだったのです。そんな子どもたちの「求めているもの」を（わかっていなかったのは担任だったのだ）と気づかされました。

そうなると「それ、ぼくも途中まで同じ考えだった」など「間違えた」答えでも共感する子が出てきます。授業のバリエーションが広がります。一人だけ「違った答え」の子も孤独になりません。けっきょく、みんなの考えや答えは「どこかでつながっている」ことに気づくのです。友だちが好き、そしてそんな「つながり」を実感することが好き、それは幼稚園時代から培われてきた力だなあと感じたものでした。

「対話的保育」という鶴川幼稚園の考え方をあらためて聞いて、「これなのだ」と合点がいったものでした。「今、目の前にいる子どもたちと対話しながら、遊びや活動を作っていくことを大事に保育をしよう」と積み重ねて十数年、詳しくは本書の実践の中で語られている通りですが、その中で「つながる心地よさ」「わかり合う心地よさ」を子どもたちが体感しているのです。

「対話」ということを考えたときに、「対話」とはお互いの立場が「対等」でなければならない。教師も子どもも、子ども同士でも、対等の立場で「自分と違う他者」を互いに取

絞り染め

縫い物

り込みつながり、相手の立場に自分を置き換え、考え、時に相手のものでも自分のものでもない第三のよりよい結論を出す行為、それが「対話」であろうと思うのです。その時、子どもは一個の人格として尊重されるのです。それが子どもを育むもっとも基礎となる土壌なのでしょう。本書の実践記録には、そんなことを感じさせるところが随所にありました。そしてそれは、小学校での「子ども主体の学習」へとつながっていきます。

主権者としての教育を＝人格の完成をめざす

「5歳児は自分の言葉で『自分の感じた思いや考えたこと』を表現できるようになってほしい時期です」（七頁）とありました。

それは小学校でもまったく同じです。

5年生の初めての「分数のたし算」でこんな授業がありました。

問題は「2／7L（リットル）のバナナジュースと3／7Lの牛乳を合わせてバナナオーレを作ります。バナナオーレは何Lになりますか?」。目の前にある二つのリットルますに入った二種類の液体を見ながら考えます。ほとんどの子は $\frac{2}{7}$L＋$\frac{3}{7}$L とたし算の式を出してきましたが、K君だけが $\frac{2}{7}$L×$\frac{3}{7}$L とかけ算の式でした。理由を聞くと「習ったばかりの分数という難しい数なので『たし算』のような簡単な計算ではないのではないかと思った」というのです。（鶴小では分数を5年生で「整数⇒小数⇒分数」という数の世界の拡張、「分数＝有理数の世界」として学びます）。最も難しい数である「分数」に、

描画

描画

1年生の一学期に習った簡単な「たし算」という演算はそぐわないというK君の考えは、一定共感できるものがありました。

するとAさんから反論が出ました。「×3/7って3/7倍のことだから、1より小さい数をかけたら元の量より減っちゃうんじゃないの？　バナナオーレが減るのはおかしい。だからかけ算じゃないと思う」というものでした。ちなみに「分数のかけ算」はまだ学んでいません。5年生の一学期にやった「倍の学習」が見事に生きていたのでした。これにはみんな納得。K君は「意見がえはおれのプライドが許さねえ」など最後まで抵抗していましたが、それもご愛嬌とみんな笑って受け止めていました。このあと「なぜ分母は足さないか」という討論があり、I君の「それは入れものなんだよ」という意見で「分母は入れものの目盛り。目盛りは足せない。足せるのは中味を表している分子のほう」であることがわかりました。最後に二つのジュースを足して「5/7L」の目盛りまで行くことを確認し、「たし算であること」を確かめて終わりました。

授業者である私は「かけ算」が出ることもそれを「倍」を使って否定することも（Aさんの証明の仕方は「はじめにかけ算と仮定してそれが成り立たない矛盾を示し否定する」いわゆる「背理法」という証明法です）まったく予想していませんでした。これまで学んだことを駆使して考える、そんな子どもたちを素直に「すごいなあ」と思ったのです。またあえて「意見がえをしない」K君を受け入れるクラスのみんなの懐の深さにも感心しました。

この日は授業参観でした。終わった後、Mさんのおばあちゃんが「先生は『これは間違っていたね』という言い方をしないんですね」と話しかけてきました。言われてみればその

通りです。自分でも気づきませんでした。「意見がえ」を取って、みんなが正解に収れんし「わかった」となったらその授業は終わりという流れなので、あえてそのような確認はしていないのです。けっきょく「結論は一人ひとりの子どもたちが出すものなのだ」という思いが私の中にあるのでしょう。「子どもが主人公の授業」とはそういうものなのだと思うのです。

それは、**「自分の感じた思いや考えたことを表現する力」**（同前）を基礎にして、自分たちのアタマで考え、真理に到達する、それはとりもなおさず主権者としての人格を育てていることに他ならないのだと思います。

教育基本法はその第1条に「教育の目的は人格の完成をめざす」という文言が掲げられています。何者にも侵されない一個の個人としての「人格」を育む、それが教育の目的なのです。それはとりもなおさず主権者としての人格、国の主人公としての個人を育てるということでしょう。あらためて大田尭さん（教育学者）の次の言葉を思い起こします。『伝えることによって「君も分かったか、俺も分かった。ああ君と俺とは遺伝子も違うし成長過程も違うのによく通じ合えたな」という風に、知る驚きを子ども同士、そして教師自身が分かち合って文化を獲得するのが授業の人間的な姿でしょう。それがドラマでありアートとしての教育であり、人格の完成を目指しての授業の姿ではないかと私は考えるのです。』（大田尭『私たちの「教育基本法」』二〇〇三、埼玉新聞社）

和光鶴川幼稚園にはそのような土壌をつくる数々の実践がありました。そしてそれを受け継いで、小学校でますます花開かせたいと、今回の実践を読ませてもらいあらためて強く思うのです。

なによりもその時代に子どもが光り輝くこと

最後にあらためて「幼稚園と小学校の教育のつながり」について考えてみたいと思います。

もっとも大事なことは、「つながりの前提、その根っこにあるもの」として、「何より幼稚園時代のその時その時に、子どもが光り輝くことが大切」だということです。私たちはこの鶴川幼稚園のそれぞれの活動で、懸命に自然やものに働きかけ、あれこれと考え、先生や仲間たちと語り合い、話し合う子どもたちの姿を見ました。その中での充足感、「やりきった」という思い、または先生への信頼感や仲間とつながっている実感、そしてそれらを包括した自己満足とそこから生まれる自己肯定感、それらをこそ大事にしたいと切に思うのです。

それらの体験が、小学校に進んだ時にも「新しい場所でいったい何が待っているんだろう」というワクワク感、様々な出会いへの期待感を育みます。小学校の活動や授業への、または新しい先生や仲間との出会いへの期待や楽しみがあれば、あとは小学校の教師がそれにこたえる内容や手立てを用意すればいいだけです。幼稚園は決して小学校の準備期間ではありません。その時その時に子どもが精いっぱい活動できる、満足できるものをたくさん用意してほしいと思います。和光鶴川幼稚園にはたっぷりとそれがあると感じます。

今、5歳児保育で大切にしたいこと
―和光鶴川幼稚園の教育―

山梨大学教授　加藤　繁美

加藤《かとう》 繁美《しげみ》

山梨大学教授
（幼児教育学・保育構造論・保育制度論）
山梨大学付属幼稚園園長

2000年度の公開研究会以来、ほぼ毎年和光鶴川幼稚園の研究会での助言を行っている。和光鶴川幼稚園親和会（父母会）主催の教育講座で父母向けの講演会も行なっている。

5歳児が放つ特別な輝き

幼稚園・保育園の5歳児は、特別な輝きを持ちながら毎日の生活を過ごしています。もちろん、そこには人生で初めて最年長の社会集団を生きる、5歳児の「誇り」が存在しているのですが、重要な点はそんな「誇り」を支える人間的能力が、5歳児にはたしかに育っている事実の中にあります。

じっさい、周囲に広がるモノと対話し、他者と対話し、自分自身と対話する能力を身につけた5歳児は、世界を「科学」し、「哲学」しながら、言葉を紡いでいくのです。

「赤カブ」食べたら辛かった
なんで辛いんだろう
赤いからかな
キムチも辛いからな
でも、イチゴは赤いけど辛くないぞ

こんな5歳児の姿を、この本では「小さな哲学者」（二八頁）と整理していますが、ま

鉛筆：自画像

鉛筆：自画像

星組の子どもたちの描画

さに5歳児は世界を「科学」し、「文学」し、「哲学」しながら、毎日を生きる存在なのです。そしてそんな子どもたちが語る言葉に耳を傾けていると、ときどきドキッとするような、ステキな言葉に出会ったりするのです。

「笑うな！　笑っちゃダメなんだよ、こういうときはそっとしておくの！」（一七頁）

泣いている5歳のたかし君をみんなが笑っているとき、クラスメイトのみきと君が語った言葉だと紹介されていますが、考えてみたらこんなステキな言葉、人間関係のしがらみの中を、気を遣いながら生きている私たち大人が、しばらく口にすることのなかった言葉なのではないでしょうか。そして、そう考えてくると5歳児は、たんに「大人」のように生きている存在ではなく、5歳児の人生を「5歳児らしく」生きている「人間」なのだと、改めて考えさせられるのです。

子どもを「小さな大人」ではなく、その年齢を生きる一人の「人間」として位置づけることの大切さを語ったのはJ・J・ルソーでしたが、そんな子どもたちが、子ども時代を生きる権利をたっぷり保障しようと歴史を刻んできたのが、和光鶴川幼稚園でした。

時代の課題と対話してきた和光鶴川幼稚園の5歳児保育

じっさい和光鶴川幼稚園は、日本の経済発展とともに社会が大きく変化する中、そんな

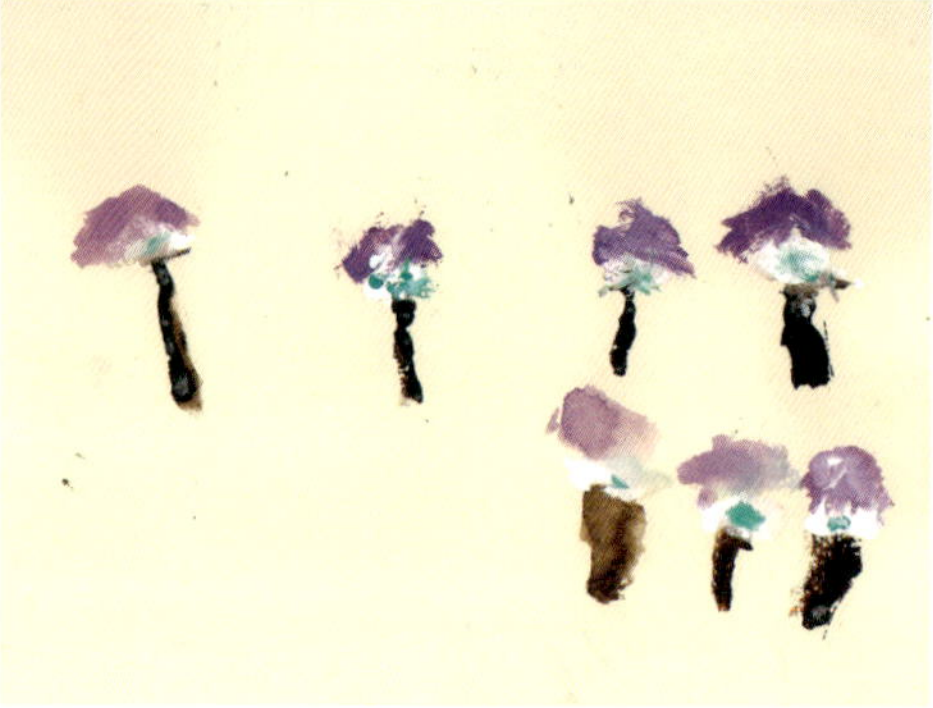

水彩絵具：藤の花

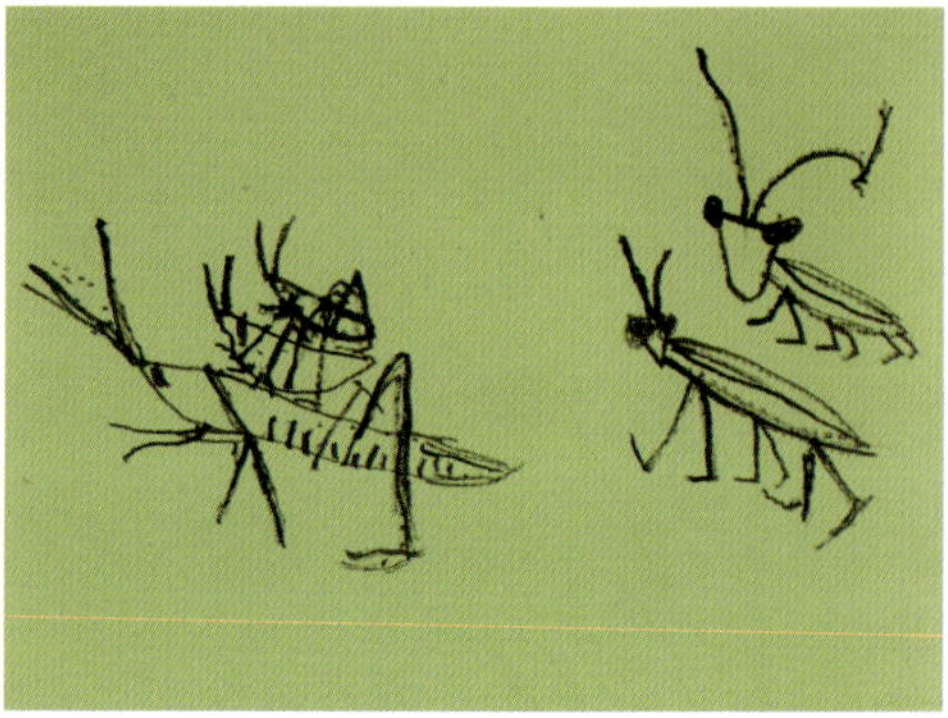

墨絵・割りばしペン：昆虫

時代の変化と対話しながら歴史を刻んできた幼稚園でした。高度経済成長が連れてきた「団地」という新たな社会の中に、幼児たちの育ちの空間と、新たな「子育ての共同」を創りだしていく実践は、一九七〇年代以降の日本の保育実践に一石を投じる刺激的な理論と実践として、保育界に影響を与えることになっていったのです。

とくに、主事を務めた小松福三氏が和光幼稚園での実践を含めて世に問うた『体当たり幼児教育』（あすなろ書房）は、そこで紹介された「動く電車づくり」の実践とともに、さまざまな困難に果敢にチャレンジする和光（世田谷）・和光鶴川幼稚園の幼児たちの姿と、そんな幼児の姿を引き出す「ダイナミックな保育」の姿を、多くの保育関係者の目に焼き付けることになっていきました。

たとえば、子どもにノコギリやカナヅチを持たせ、「大型実用造形」活動に取り組ませた保育者としての思いを、小松氏はその中で次のように語っています。

「それは、今日の子どもたちが、完成されたおもちゃに取り囲まれ、自分で作って遊ぶ体験が極度に少なく、消費的な遊びで終始しているという実情を何とかしなければならない―という考えからでたものであった。」

重要な点は、こうした「ダイナミックな保育」実践の創造が、時代の抱える教育課題に保育者たちが真摯に向き合う過程で、幼児の内側に潜む「発達可能性」を再発見する営みとして展開されていった事実にあります。高度経済成長が連れてきた子ども社会と子どもの変化に、保育実践で立ち向かおうとした和光鶴川幼稚園は、時代の課題と対話

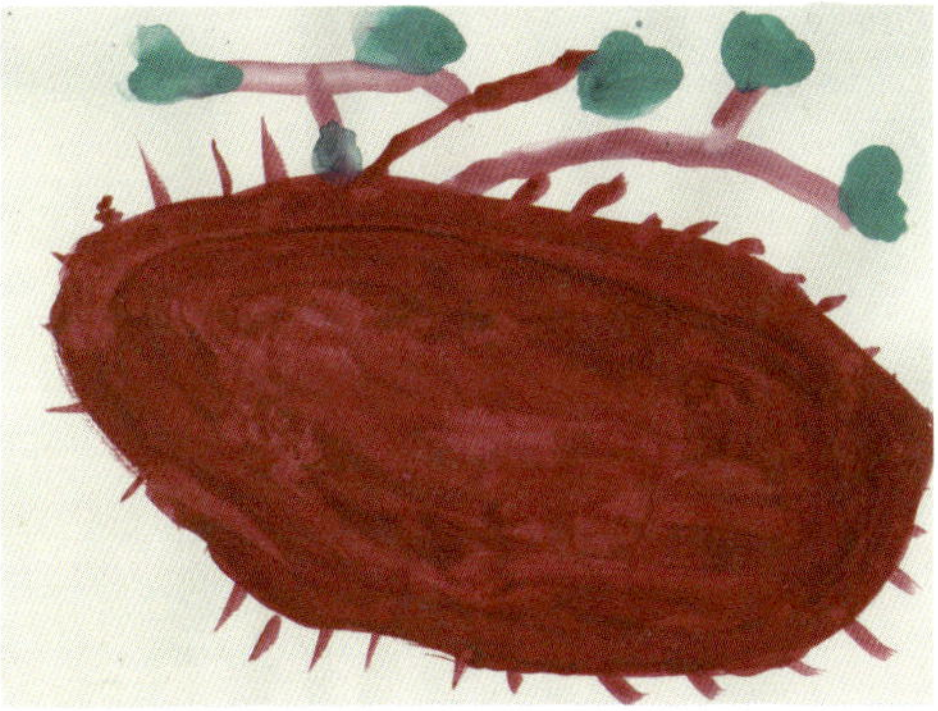
水彩絵具：さつまいも

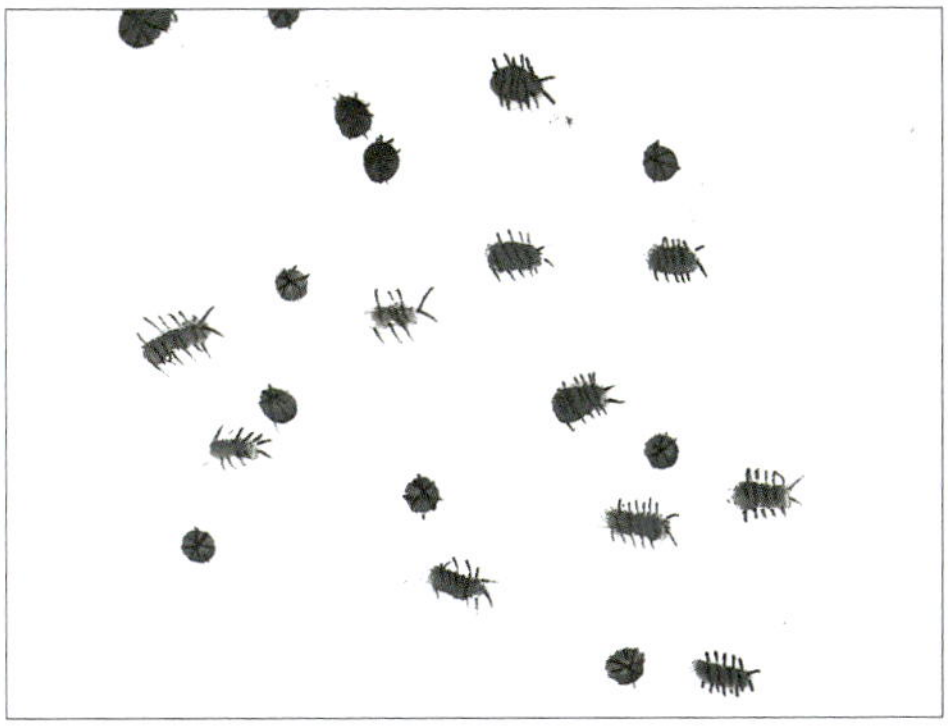
墨絵・割りばしペン：ダンゴムシ

しながら実践を創造する文化をもった園でもあったのです。

5歳児保育の基底に流れるゆるやかな時間

ところがそうした歴史の延長線上にありながら、本書に記された5歳児の保育実践の基底には、その時代とは異なる「ゆるやかさ」が存在していました。そしてそこには、「ゆるやかに流れる5歳児の時間」を意識してつくりだそうとする保育者たちの願いが存在していました。

たとえば、そんな変化を象徴的に表現しているのが、「一人ひとりの子どもが気持ちよく、走れることを目標に」取り組まれた運動会での走り縄跳びの実践です。保育者から提示された、「一人ひとりの子どもが気持ちよく走れる」という運動会における走り縄跳びの目標に、「子にも親にも優しい心遣い」を感じた一方で、保育者たちが保育目標を切り下げたと「深読み」した保護者の感想が紹介されていました（四九頁）。たしかに、これまでの「あきらめないで格好よく頑張る」5歳児の姿を知っている親にしてみれば、提示された目標は、「保育目標の切り下げ」以外のなにものでもなかったのだろうと思います。

しかしながら、一二年前の先輩としてそこに居合わせた「姉」が、「私なんかひっかかったらどうしようって必死だったよね」と語る言葉を聞きながら、この保護者は運動会の走り縄跳びに託す保育者の思いを、理解するようになっていくのです。そして走り縄跳

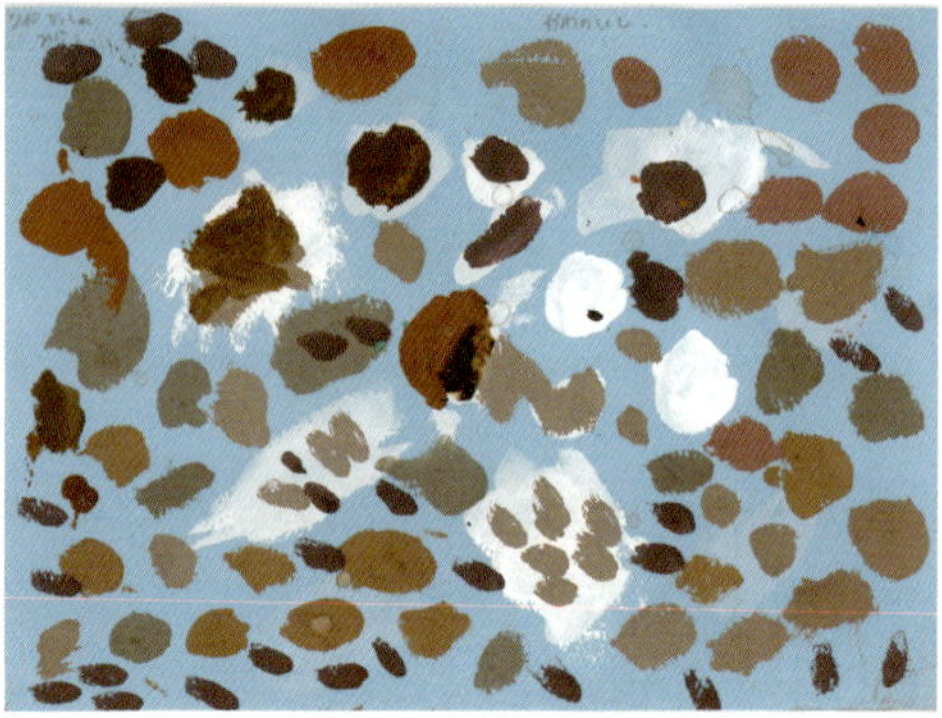
水彩：合宿・川原の石

水彩：合宿・川遊び

びをする5歳児たちを、「キャラが見えますねー」と評しながら、「私たちの時はみんなムキムキ必死だった気がするけど、なんか楽しそう」と語る一八歳の言葉に、この時代の子どもたちに必要な保育の形を、この保護者は親の立場から学びとっていくのです。

重要な点は、ここにも「時代の課題」と対話する和光鶴川幼稚園の保育者たちの、保育者としての課題意識が表現されている事実です。そしてこうした保育の見直しが、一人ひとりの子どもと対話する過程で自覚され、展開されていった経緯です。

たとえば、ここで紹介した走り縄跳びの場合、「走り縄跳びしよう！」という保育者の提案に「運動会でやるんでしょう？」と口にした子どもの姿に戸惑いを感じたことを起点に、実践の見直しが行われていったと書かれていました（四一頁）。

もちろん保育者としては、何とか子どもたちの意思で走り縄跳びに挑戦させたいと考えていたのですが、そんな保育者の思いを大きく変えることになったのが、「先生、みてみて」とうれしそうに語りかけたりゅうじ君の言葉だったというのです。

「腕を大きく回して悠々と、軽やかに」跳ぶりゅうじ君の姿は、お世辞にも格好良い跳び方ではなかったのですが、そんなりゅうじ君に「気持ちよさそうでいいね」と声をかけながら、5歳児を担当していた保志先生はハッと気づくのです。りゅうじ君のように、「気持ちいい縄跳び」という目標を掲げてそれぞれの走り縄跳びに挑戦すれば、すべてが変わるのではないかと……。

ここには、子どもとの間に対話的関係をつくりだしながら、子どもの中に「目標」を見出していく「対話する保育」の本質が表現されています。つまりそこには、保育者の立てた目標に子どもたちをつきあわせる保育ではなく、子どもが自分で目標を立て、そ

水彩：合宿・橋渡り

水彩：合宿・キャンプファイアー

うやって立てた目標に向かって自ら挑戦していく5歳児保育の新たな形が、無意識のうちに生み出されていたのです。

たとえばヴィゴツキーという心理学者は、そうやって子どもの中に発見され、子ども自身が自覚した「明日の目標」を「発達の最近接領域」という言葉で表現しましたが、まさに「対話する保育」は子どもの中に「発達の最近接領域」を見つけ出し、そうやって見つけ出した目標を子ども自身が「要求」として自覚しながら活動していく、そんな過程を経ながら展開されていく実践のことを言うのです。

おもしろいのは、こうやって子どもたちが自分で考え、自分で目標を発見していくようになると、その後の活動は子ども自身が自由に発展させていくようになり、保育者が「もうやめようよ」と誘ってもそれを頑なに拒みながら、「転んでも泣かず」に取り組むように子どもが変化していく点にあります。そしてそうした経験を通して、和光鶴川幼稚園の保育者たちは、子どもの中に目標を見出し、子ども自身が目標を自覚し、その目標に向かって自ら背伸びしていく、新しい保育の姿を志向し始めるようになっていくのです。

新しい協同性の創造に向けた新たな挑戦

じつは和光鶴川幼稚園の保育者たちがどこまで気づいているかわかりませんが、こうした保育実践の問い直しを通して保育者たちは、現代社会が抱える本質的で、より困難

水彩：夏まつり

カラーペン：星２まつり（協同的学び）

な課題に向かって、新たな挑戦を始めているのです。

たとえばそれは、一人の子どもがつくってきたドールハウスを使った遊びをきっかけに絵本づくりに発展していった岩月先生の実践の中に描かれていました（五二頁）。あるいは、雑木林で「お茶したい」と語った子どもの声をきっかけに、「お茶」するためのテーブルをつくっていった室橋先生の実践（五三頁）の中に、新しい時代の5歳児保育に挑戦する保育者たちの姿が描かれていました。

じっさい室橋先生の実践は、雑木林で「お茶」しているうちに、「滑り台が欲しい」「足湯に入りたい」「トランポリンがあったらいい」と要求が出てきて、あげくのはてには「トロッコをつくりたい」という要求まで出てくるようになってしまうのです。

ところがここで、「トロッコは、ちょっと無理では」と室橋先生が思い、口にしたところがおもしろい……。そしてその後の職員間の話し合いで、『トロッコ』がキーワードかもしれないね」という話になり、そのあとは子どもと一緒に試行錯誤を繰り返していくことになるのです。やっとの思いでつくりあげたトロッコも、柔らかい雑木林の土の上では走ってくれない……。線路を作ろうと溝を掘り始めたが、いくら掘っても線路を敷く溝は完成しない……。途方にくれてクラスの父母に相談したところ、一人のお父さんが機械を持ち込んでくれて、やっと完成にこぎつけることになっていくのです。

とにかく、毎日がハラハラ・ドキドキの連続なのです。そして活動を展開していく過程で、アイデアを出すのも、作業をするのも、保育者と子どもが対等なのです。クラスを構成する共同構成者という関係に、しらないうちになっていったのです。そしてやっとの思いで完成した時、課題を共有し、問を一緒に解いていった「同士」のような関係

カラーペン：夏休みの思い出

水彩：こどもの日集会・こいのぼり

に、子どもと保育者が育っていくのです。

重要な点は、岩月先生の実践も、室橋先生の実践も、実践を始めた段階で、出口が見えていなかった事実の中にあります。実践の出口は、実践を展開する過程で耳にした、子どもの声の中にあったのです。そして、そうやって聞いた子どもの声を起点に、保育計画が立ちあがっていき、そうして立てた計画に向かって進んでいるうちに新たな課題が出てきて、その課題を解決しているうちに、また新たな課題が出てきて……と、先の見えない「未来」を共有しながら、そんな「未知なる世界」と対話しながら活動を創りだしていく点に、ここに書かれた対話的関係で展開する「協同的活動」の特徴があるのです。

参画する主体として活動する5歳児

こうして子どもと保育者が共同して創りだしていく実践を、和光鶴川幼稚園の保育者たちは「子どもたちの夢をかなえる実践」と呼んでいますが、おそらくそれは、子どもに寄り添う保育者の実感から出た言葉なのだろうと思います。

しかしながらここには、もうひとつ大切な課題意識が潜んでいることを忘れてはいけません。それは、自分の声をていねいに聴き取られ、自分の声を正当に評価される権利を、子どもの権利として保障しようとする課題意識です。

私自身は、そうした「子どもの声」を起点に展開される保育実践を「子どもが参画す

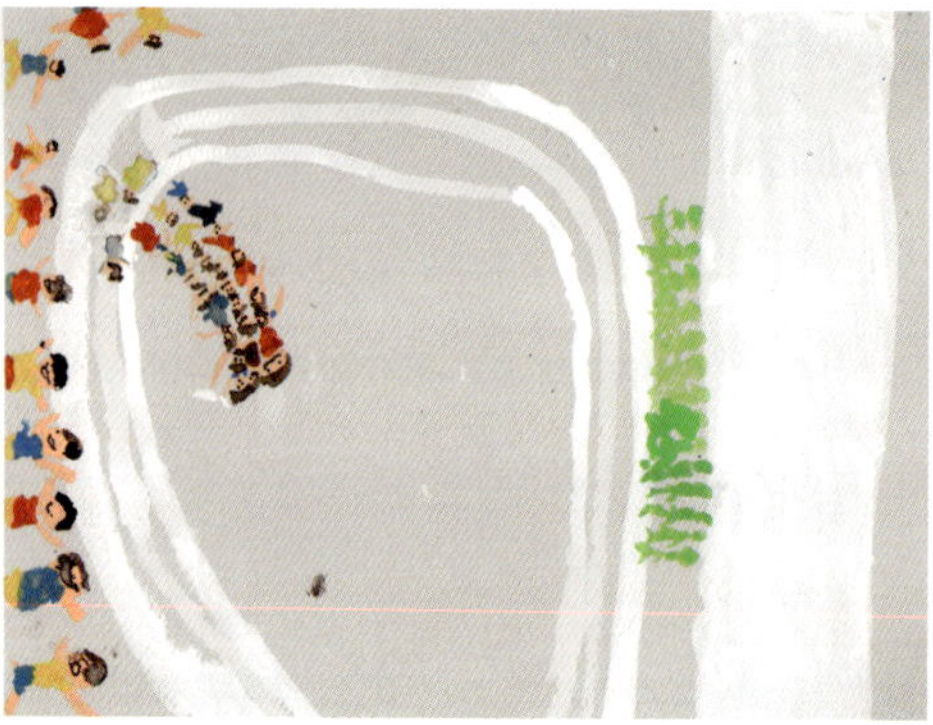
水彩：運動会・リレー

水彩：運動会・リレー

る保育」と呼んでいますが、それは保育計画を創る営みに子どもが「参画する保育」を意味しています。

　もちろんそうはいっても、子どもが実際に明日の「保育計画」を立て、「計画書」に記すわけではありません。子どもの声に保育者がていねいに耳を傾け、そうやって聴き取った子どもの声を保育の中で正当に活かしていく、そんな努力を重ねながら創りだしていく保育実践、それが子どもの「参画する保育」であり、「対話する保育」なのです。

　ただ、こうした保育実践の難点は、こうやって展開される保育実践の質の差が、保育者の対話能力の質の差に規定されてしまう点です。子どもの声に共感する力も、それに即応する力も、声の背後に隠された「本当の願い」を見抜く力も、そうして見出した「本当の願い」を実践の形にデザインする力も、すべて保育者個人の能力に規定されるのです。

　しかもそうした力のすべてが、本を読めば身に着くような一般的な力ではなく、それまでの人生の中で経験し、身体の中に形成してきた身体的知性にほかならないのです。したがって、社会や自然と対話する身体的能力を鍛えながら、子どもと対話する力を磨いていく努力が、常に保育者には求められることになっていくわけですから、これはけっこう大変なことなのです。

　しかしながらそれでも、なぜこんなに面倒くさい保育にこだわりながら、実践を創りあげていかなければならないのでしょうか。それは何といっても、一人ひとりの子どもの声を大切にしたいという保育者の素朴な思いによるものなのですが、それが同時に、「子どもの権利条約」の思想を保育の中に具体化しようとする世界的な潮流とつながっ

水彩：芝すべり

水彩：運動会・リズム（トンボのポーズ）

ている点が重要です。

周知のとおり「子どもの権利条約」は、第一二条で「子どもには自分の考えを自由に表現する権利があり、そうやって表現された子どもの思いは、大人たちによって正当に評価されなければならない」と定めていますが、まさに和光鶴川幼稚園で取り組まれている実践は、そうした思想を具体化する実践にほかならないのです。

子どもたちには、自分の思いを表現する権利があります。そしてそうやって表現した自分の声を、ていねいに聴き取られる権利があります。しかしながらそれと同時に、大切にされなければならないのが、自分の発した声が社会の中で活かされ、社会を構成する一員として貢献する権利です。社会の営みに「参画する権利」ですが、幼稚園・保育園の中でそうやって「参画する主体」として活動する権利を5歳児に保障していく実践に、和光鶴川幼稚園の保育者たちは挑戦しているのです。

もちろん誤解してはいけませんが、本書に記された一連の実践が、こうした高邁な理想を起点に、それを具体化しようとして展開されているというわけではありません。実践の起点は、一人ひとりの子どもと向き合いながら、一回性と偶然性とを基礎にした保育実践を通して、それぞれの子どもの中に「かけがえのない育ちの物語」を創りだしたいと願う保育者の、素朴な愛情にほかならないのです。そしてこの、子どもに対する愛情こそが、こうした実践を支えるエネルギーになっているのです。

「多様性」と「異文化共生」の思想を基本にすえながら、小さな子どもたちを一人の「市民」として尊重する保育実践を子どもと一緒に創りだす、そんな保育実践創造の課題に果敢に挑む和光鶴川幼稚園の保育者たちに、熱いエールを送りたいと思います。

この本をつくった人々

執筆
園田　洋一　　（そのだ　よういち／和光鶴川幼稚園園長）
保志　史子　　（ほし　ふみこ／和光鶴川幼稚園副園長）
加川　博道　　（かがわ　ひろみち／和光鶴川小学校教諭）
加藤　繁美　　（かとう　しげみ／山梨大学教授）

レイアウト・デザイン・編集
田井　宗子　　（たい　まみこ／和光鶴川幼稚園卒業生の保護者）

写真
大岩　佳子　　（おおいわ　けいこ／和光鶴川幼稚園教務主任）
岩月　達郎　　（いわつき　たつろう／和光鶴川幼稚園星組担任）
松田　信貴　　（まつだ　のぶたか／和光鶴川幼稚園星組担任）
小西　真理　　（こにし　まり／和光鶴川幼稚園教諭）
コグレスタジオ

子どもの作品
和光鶴川幼稚園星組の子どもたち

写真掲載協力
和光鶴川幼稚園星組の保護者のみなさん
和光鶴川幼稚園卒業生の保護者のみなさん

和光鶴川幼稚園のことは、お気軽に問い合わせください。
〒195-0051　東京都町田市真光寺 1271-1　TEL 042-735-2291
ホームページ　http://www.wako.ed.jp/k2/

5 歳児　誇りを輝きに
和光鶴川幼稚園　子ども理解と大人の関わり

2016 年 1 月 30 日　初版発行

編著者　　和光鶴川幼稚園
発行者　　名 古 屋　研 一
発行所　　㈱ひとなる書房
東京都文京区本郷２－１７－１３
TEL 03(3811)1372
FAX 03(3811)1383
E-mail : hitonaru@alles.or.jp

DTP 製作／田井宗子　印刷・製本／中央精版印刷株式会社